5 ASTUCES POUR DÉMARRER !

1) COMMENT RÉSOUDRE LES MOTS MÊLÉS

Les puzzles sont dans un format classique :

- Les mots sont cachés sans espaces, tirets, ...
- Orientation : Les mots peuvent être écrits en avant, en arrière, vers le haut, vers le bas ou en diagonale (ils peuvent être inversés).
- Les mots peuvent se chevaucher ou se croiser.

2) UN APPRENTISSAGE ACTIF

Un espace est prévu à côté de chaque mots pour noter la traduction. Pour favoriser un apprentissage actif un **DICTIONNAIRE** à la fin de cette édition vous permettra de vérifier et étendre vos connaissances. Cherchez et notez les traductions, trouvez-les dans le Puzzle et ajoutez-les à votre vocabulaire !

3) MARQUEZ LES MOTS

Vous pouvez inventer votre propre système de marquage. Peut-être en utilisez-vous déjà un ? Sinon, vous pourriez, par exemple, marquer les mots qui ont été difficiles à trouver d'une croix, ceux que vous avez aimés d'une étoile, les mots nouveaux d'un triangle, les mots rares d'un diamant, etc...

4) STRUCTUREZ VOTRE APPRENTISSAGE

Cette édition vous offre un **CARNET DE NOTES** très pratique à la fin du livre. En vacances ou en voyage ou à la maison, vous pouvez facilement organiser vos nouvelles connaissances sans avoir besoin d'un second bloc-notes !

5) VOUS AVEZ FINI TOUTES LES GRILLES ?

Allez à la section bonus **CHALLENGE FINAL** pour trouver un jeu gratuit à la fin de cette édition !

Simple et Rapide ! Découvrez notre collection de livres d'activités pour votre prochain moment de détente et **d'apprentissage**, à juste un clic de distance !

Trouvez votre prochain défi sur :

BestActivityBooks.com/MonProchainLivre

À vos marques, prêts... Partez !

Saviez-vous qu'il existe environ 7 000 langues différentes dans le monde ? Les mots sont précieux.

Nous aimons les langues et avons travaillé dur pour créer les livres de la plus haute qualité pour vous. Nos ingrédients ?

Une sélection des thématiques d'apprentissage adaptée, trois belles parts de divertissement, puis nous ajoutons une cuillère de mots difficiles et une pincée de mots rares. Nous les servons avec soin et un maximum de plaisir pour vous permettre de résoudre les meilleurs jeux de mots mêlés qui soient et d'apprendre en vous amusant !

Votre avis est essentiel. Vous pouvez participer activement au succès de ce livre en nous laissant un commentaire. Nous aimerions vraiment savoir ce que vous avez préféré dans cette édition !

Voici un lien rapide qui vous mènera à la page d'évaluation de vos commandes :

BestBooksActivity.com/Avis50

Merci pour votre aide et amusez-vous bien !

De la part de toute l'équipe

1 - Adjectifs #2

```
K  I  Y  H  B  X  E  B  H  W  B  S  E  G
S  R  N  C  X  Y  R  M  F  L  E  U  L  F
Z  G  A  T  B  E  R  Ø  M  T  G  N  E  U
U  I  M  F  E  V  P  Y  A  R  A  N  G  R
P  L  W  B  T  R  A  R  M  B  V  C  A  K
L  R  I  S  W  I  E  J  T  Z  E  Z  N  S
D  U  O  X  H  W  G  S  N  N  T  Y  T  I
H  T  U  D  S  A  L  T  S  S  T  O  L  T
D  A  L  V  U  G  I  L  R  A  V  S  N  A
U  N  L  I  M  K  R  E  T  S  N  N  T  M
K  S  I  T  N  E  T  U  A  V  C  T  A  A
W  O  V  S  J  L  V  I  T  A  E  R  K  R
T  Ø  R  R  I  E  L  H  V  K  L  I  B  D
J  N  B  G  P  K  R  E  N  K  T  V  E  M
```

AUTENTISK	NY
BERØMT	PRODUKTIV
KREATIV	KRAFTIG
BEGAVET	REN
DRAMATISK	ANSVARLIG
ELEGANT	SUNN
STOLT	SALT
STERK	VILL
INTERESSANT	TØRR
NATURLIG	

2 - Formes

```
T  N  A  K  E  R  T  D  M  Y  N  N  V  J
O  O  R  E  K  T  A  N  G  E  L  P  Z  Q
O  O  R  E  T  N  A  K  J  W  F  Y  C  H
X  V  D  G  E  L  L  I  P  S  E  R  J  J
D  A  V  R  E  K  J  E  G  L  E  A  Z  Ø
R  L  E  M  X  T  B  J  D  X  E  M  H  R
S  I  R  K  E  L  U  N  K  O  S  I  K  N
S  F  Æ  R  E  U  E  I  P  U  M  D  U  E
P  O  L  Y  G  O  N  L  N  R  B  E  R  P
S  Y  L  I  N  D  E  R  W  C  I  E  V  F
C  H  Y  P  E  R  B  O  L  A  K  S  E  J
I  E  E  R  U  B  O  T  V  B  Z  X  M  R
S  I  D  E  S  Y  L  K  R  B  Q  H  H  E
V  I  A  B  C  X  Z  C  V  M  T  B  Y  C
```

BUE	ELLIPSE
KANTER	HYPERBOLA
TORGET	LINJE
SIRKEL	OVAL
HJØRNE	POLYGON
KURVE	PRISME
KJEGLE	PYRAMIDE
SIDE	REKTANGEL
KUBE	SFÆRE
SYLINDER	TREKANT

3 - Force et Gravité

```
Z  A  E  G  E  N  S  K  A  P  E  R  P  B
F  V  V  Z  X  X  A  R  V  E  K  T  R  E
D  S  O  P  P  D  A  G  E  L  S  E  E  V
T  T  X  C  E  H  L  N  V  S  V  U  S  E
R  A  Z  E  S  N  L  S  X  C  K  K  S  G
D  N  L  I  W  Y  E  G  J  R  K  A  P  E
Y  D  M  J  T  W  S  S  Y  V  I  T  L  L
N  G  N  I  N  K  R  I  V  N  N  I  A  S
A  B  M  Y  H  F  E  T  Y  S  A  U  N  E
M  A  I  T  X  D  V  V  Z  W  K  F  E  A
I  N  O  J  S  K  I  R  F  C  E  O  T  Y
S  E  C  Q  S  E  N  T  R  U  M  D  E  M
K  K  I  S  Y  F  U  D  R  J  E  F  R  K
E  V  L  U  U  T  V  I  D  E  L  S  E  T
```

AKSER	BEVEGELSE
SENTRUM	BANE
OPPDAGELSE	FYSIKK
AVSTAND	PLANETER
DYNAMISK	VEKT
UTVIDELSE	PRESS
FRIKSJON	EGENSKAPER
INNVIRKNING	TID
MEKANIKK	UNIVERSELL

4 - Adjectifs #1

```
V  M  T  P  E  R  F  E  K  T  V  A  S  U
I  A  O  U  V  H  M  R  O  N  E  B  J  C
T  X  K  D  N  L  O  R  W  C  K  S  E  V
K  B  S  K  E  G  S  F  E  W  U  O  N  U
A  E  I  S  E  R  G  Q  I  S  N  L  E  S
R  K  T  I  X  R  N  R  S  X  S  U  R  K
T  S  N  T  J  C  A  E  G  Y  T  T  Ø  Y
T  O  E  A  U  V  L  G  I  R  N  T  S  L
A  T  D  M  F  L  I  R  T  G  E  D  Z  D
C  I  I  O  Q  V  I  T  K  A  R  D  D  I
B  S  P  R  F  G  N  Y  I  T  I  T  J  G
I  K  Y  A  B  E  K  N  V  Q  S  Z  M  Z
Z  B  Æ  R  L  I  G  N  U  H  K  U  C  A
A  M  B  I  S  I  Ø  S  G  L  K  E  E  O
```

ABSOLUTT	ÆRLIG
AKTIV	IDENTISK
AMBISIØS	VIKTIG
AROMATISK	USKYLDIG
KUNSTNERISK	UNG
ATTRAKTIV	LANGSOM
VAKKER	TUNG
EKSOTISK	TYNN
ENORM	MODERNE
SJENERØS	PERFEKT

5 - Instruments de Musique

```
L  L  I  P  S  N  N  U  M  G  M  M  B  K
J  R  A  N  E  N  E  Y  W  O  A  A  N  Y
X  Y  Y  E  S  R  T  P  C  N  R  N  T  O
T  H  K  G  Z  O  K  N  V  G  I  D  A  G
R  A  T  I  G  M  A  U  O  W  M  O  M  D
O  T  E  P  M  O  R  T  S  B  B  L  B  H
M  T  F  A  G  O  T  T  B  J  A  I  U  A
B  E  T  Y  Ø  L  F  C  G  X  O  N  R  R
O  N  M  I  F  O  B  O  T  X  U  N  I  P
N  I  S  M  I  B  O  C  S  C  Y  V  N  E
E  R  U  L  O  L  A  P  I  A  N  O  D  Y
V  A  W  G  L  R  D  N  C  E  L  L  O  M
A  L  V  J  I  D  T  Z  J  B  Q  N  V  I
W  K  V  V  N  V  N  O  F  O  S  K  A  S
```

BANJO	MARIMBA
FAGOTT	PERKUSJON
KLARINETT	PIANO
FLØYTE	SAKSOFON
GONG	TROMME
GITAR	TAMBURIN
MUNNSPILL	TROMBONE
HARPE	TROMPET
OBO	FIOLIN
MANDOLIN	CELLO

6 - Herboristerie

```
W  K  Ø  L  T  I  V  H  G  K  U  W  L  M
V  S  G  U  N  S  T  I  G  U  E  Y  N  C
Q  I  E  Q  U  T  E  T  I  L  A  V  K  K
S  T  B  L  O  M  S  T  R  I  S  Z  L  G
L  A  V  E  N  D  E  L  O  N  L  M  P  M
E  M  N  W  N  F  T  F  S  A  T  O  A  U
K  O  E  N  G  O  N  A  M  R  F  C  W  K
I  R  H  S  B  U  Y  N  A  I  M  I  T  I
N  A  A  S  T  Q  M  R  R  S  Z  R  C  L
N  V  G  W  L  R  V  S  I  K  F  I  Q  I
E  I  E  A  A  L  A  A  N  A  R  F  A  S
F  U  G  R  Ø  N  N  G  L  K  B  T  D  A
P  E  R  S  I  L  L  E  O  R  W  D  Q  B
M  A  R  J  O  R  A  M  L  N  F  J  G  Y
```

HVITLØK	MARJORAM
AROMATISK	MYNTE
BASILIKUM	PERSILLE
GUNSTIG	KVALITET
KULINARISK	ROSMARIN
ESTRAGON	SAFRAN
FENNIKEL	SMAK
BLOMST	TIMIAN
HAGE	GRØNN
LAVENDEL	

7 - Véhicules

```
X  Q  B  D  X  B  R  Z  W  A  U  B  L  J
B  Y  G  E  W  Å  Y  S  G  O  Y  F  S  T
Y  U  R  K  Y  T  J  O  O  Z  F  A  K  O
L  I  S  K  J  L  A  S  T  E  B  I  L  B
B  I  L  S  Z  E  F  X  W  N  X  P  V  E
U  N  D  E  R  V  A  N  N  S  B  Å  T  U
M  L  Q  S  O  S  Y  K  K  E  L  O  U  R
O  G  X  N  T  A  J  Q  W  Y  A  C  T  A
T  O  W  A  G  A  B  W  A  B  K  O  K
O  K  L  L  A  L  U  F  R  B  E  X  L  E
R  B  V  U  R  Q  E  Q  E  F  I  B  Q  T
M  J  Q  B  T  A  X  I  X  R  Z  Y  C  T
N  D  P  M  F  L  Å  T  E  H  J  E  U  W
Y  W  O  A  S  C  O  O  T  E  R  E  J  C
```

AMBULANSE	FLÅTE
FLY	SCOOTER
BÅT	UNDERVANNSBÅT
BUSS	TAXI
LASTEBIL	TRAKTOR
FERJE	TOG
RAKETT	SYKKEL
MOTOR	BIL
DEKK	

8 - Camping

```
D  K  K  G  B  X  P  J  U  A  T  M  D  M
Z  P  L  O  G  P  R  O  T  I  G  Y  H  Å
H  O  K  K  M  B  Y  Y  S  N  L  Q  E  N
P  G  Z  S  U  P  G  J  T  N  K  D  N  E
W  C  S  I  Q  Q  A  D  Y  S  A  C  G  H
N  A  T  U  R  Y  D  S  R  J  I  X  E  Y
N  E  Q  H  W  T  K  X  S  Ø  G  B  K  T
A  O  N  A  K  L  H  A  N  E  A  I  Ø  T
R  R  Y  T  N  E  V  E  R  I  O  N  Y  E
B  C  K  T  K  T  R  Æ  R  T  F  S  E  K
W  G  N  U  S  A  S  S  Q  N  J  E  V  I
C  Z  F  E  K  G  J  B  X  G  E  K  W  P
H  D  T  X  G  Q  D  Y  S  P  L  T  K  Y
X  T  B  D  S  P  L  W  L  O  L  C  G  D
```

DYR	UTSTYR
TRÆR	BRANN
EVENTYR	SKOG
KOMPASS	HENGEKØYE
HYTTE	INSEKT
KANO	INNSJØ
KART	MÅNE
HATT	FJELL
JAKT	NATUR
TAU	TELT

9 - Écologie

```
S G K L I N Y L Z N O K T V
M A L L E J F W H A W K X H
N R M O G S F W N T E Q O B
T O C F B V T S R U V O V Æ
M L A N U A F D V R U V I R
N F H V T N L V K A H E R E
F D L O F G N A M R S R K K
R E S S U R S E R T Y L L R
K E G I L L I V I R F E I A
O N T M Y R T Ø R K E V M F
S I B N H A B I T A T E A T
H R B J A V Z X Q R X L A I
F A Q G I L R U T A N S Y G
M M B D U O P C A T G E Q V
```

FRIVILLIGE
KLIMA
SAMFUNN
MANGFOLD
BÆREKRAFTIG
ART
FAUNA
FLORA
GLOBAL
HABITAT

MYR
MARINE
FJELL
NATUR
NATURLIG
PLANTER
RESSURSER
TØRKE
OVERLEVELSE

10 - Géométrie

```
T V Y K X L E D J E N O M P
B O R F B E O Q U V E A S A
N G E F R D U G C R Y B P R
A D T G F N A D I U L E N A
I U E T M A D Y T K E R U L
D I M E N S J O N E K E M L
E L A T D I V V A C R G M E
M I I N L Y F G K K I N E L
V G D E O L Ø Z E Q S I R L
T N X M E Z F H R S T N H E
E I O G T J K Q T A S G G K
O N J E F L A T E O J A Z N
R G G S S Y M M E T R I M I
I V E R T I K A L K Y L L V
```

VINKEL
BEREGNING
SIRKEL
KURVE
DIAMETER
DIMENSJON
LIGNING
HØYDE
LOGIKK
MASSE

MEDIAN
NUMMER
PARALLELL
ANDEL
SEGMENTET
FLATE
SYMMETRI
TEORI
TREKANT
VERTIKAL

11 - Les Médias

```
N  K  B  M  E  N  I  N  G  T  K  K  T  I
R  E  D  L  I  B  N  F  L  G  O  O  V  N
J  N  T  U  W  L  S  A  H  N  M  M  O  T
T  I  E  T  T  N  C  K  V  I  M  M  F  E
M  L  E  L  V  G  Y  T  Q  R  E  U  F  L
C  N  Y  A  K  E  A  A  F  E  R  N  E  L
Q  O  L  T  I  D  R  V  D  I  S  I  N  E
F  N  O  I  O  N  D  K  E  S  I  K  T  K
Z  X  K  G  W  S  D  B  H  N  E  A  L  T
R  D  A  I  R  V  M  I  B  A  L  S  I  U
A  S  L  D  F  R  N  O  V  N  L  J  G  E
D  A  V  I  S  E  R  K  X  I  N  O  Z  L
I  I  N  D  U  S  T  R  I  F  D  N  K  L
O  H  O  L  D  N  I  N  G  E  R  Y  Z  Y
```

HOLDNINGER	AVISER
KOMMERSIELL	LOKAL
KOMMUNIKASJON	DIGITALT
ONLINE	MENING
UTGAVE	BILDER
FAKTA	OFFENTLIG
FINANSIERING	RADIO
INDIVID	NETTVERK
INDUSTRI	TV
INTELLEKTUELL	

12 - Philanthropie

```
G  F  N  O  J  S  I  M  O  V  K  M  U  Æ
M  L  Q  K  A  R  H  Å  D  E  O  E  T  R
F  I  O  B  A  R  N  L  S  L  N  N  F  L
N  O  D  B  B  N  R  R  D  T  N  O  I
N  I  L  L  A  S  F  R  I  E  A  E  R  G
J  G  Y  K  E  L  Y  X  N  D  K  S  D  H
M  E  G  N  E  R  T  S  O  I  T  K  R  E
O  L  M  R  E  P  P  U  R  G  E  E  I  T
H  I  S  T  O  R  I  E  Z  H  R  H  N  U
F  U  F  I  N  A  N  S  B  E  L  E  G  N
S  A  M  F  U  N  N  E  T  T  P  T  E  G
J  G  P  R  O  G  R  A  M  M  E  R  R  D
G  A  V  M  I  L  D  H  E  T  J  C  S  O
O  F  F  E  N  T  L  I  G  P  Y  N  F  M
```

TRENGE	GAVMILDHET
MÅL	GLOBAL
VELDEDIGHET	GRUPPER
SAMFUNNET	HISTORIE
KONTAKTER	ÆRLIGHET
UTFORDRINGER	MENNESKEHET
BARN	UNGDOM
FINANS	MISJON
MIDLER	PROGRAMMER
FOLK	OFFENTLIG

13 - Diplomatie

```
R E G J E R I N G W T D S Q
Æ A A U V I M L G K E I A U
T J M E T I K K N K H P M Q
I K R B E U K O I I G L F R
N O L G A N J K N T I O U Å
A N N O J S U K S I D M N D
M F B H W E S T Ø L R A N G
U L Z O V F K A L O E T E I
H I Z H R L I A D P F I T V
Y K Q B E G A V G E T S V E
T T K A T D E V F W T K Y R
Y K D E M M E R F P E Y F B
X T R A K T A T E I R Z D Q
I N T E G R I T E T Y L E W
```

AMBASSADE
BORGERE
SAMFUNNET
KONFLIKT
RÅDGIVER
DIPLOMATISK
DISKUSJON
ETIKK
FREMMED

REGJERING
HUMANITÆR
INTEGRITET
RETTFERDIGHET
POLITIKK
VEDTAK
LØSNING
TRAKTAT

14 - Électricité

```
M C Y R F P T L U T S T Y R
E H J E P O E E I E R C O W
N Q I K K S L D K P E S Y X
G N R I S I E N K M E A B G
D B E R I T F I S A Y N B E
E P T T R I O N B L B R Z N
H Æ T K T V N G H A D E P E
J R A E K V T E N G A M L R
V E B L E N E R R R J W H A
T G S E L F Y R O I T E T T
T V M X E A F A K N K O O O
N E G A T I V W E G J I Q R
O B J E K T E R L A S E R V
S T I K K O N T A K T Z U E
```

MAGNET
PÆRE
BATTERI
KABEL
ELEKTRIKER
ELEKTRISK
UTSTYR
LEDNINGER
GENERATOR
LAMPE

LASER
NEGATIV
OBJEKTER
POSITIV
STIKKONTAKT
MENGDE
NETTVERK
LAGRING
TELEFON
TV

15 - Astronomie

```
H  J  Y  X  A  L  A  G  R  I  U  S  W  O
I  M  T  N  S  L  F  U  A  B  N  T  H  B
P  M  T  F  T  E  N  A  L  P  I  R  T  S
F  S  E  P  R  M  Q  M  O  Z  V  Å  P  E
J  I  K  V  O  M  E  U  S  Z  E  L  M  R
S  O  A  P  N  I  I  S  I  T  R  I  Y  V
O  V  R  P  O  H  X  Q  P  N  S  N  M  A
M  L  F  D  M  H  R  B  S  I  O  G  E  T
S  T  J  E  R  N  E  T  Å  K  E  X  T  O
O  A  S  T  R  O  N  A  U  T  Y  J  E  R
K  S  U  P  E  R  N  O  V  A  M  L  O  I
A  S  T  E  R  O  I  D  E  M  S  Å  R  U
F  O  R  M  Ø  R  K  E  L  S  E  P  N  M
K  O  N  S  T  E  L  L  A  S  J  O  N  E
```

ASTEROIDE	MÅNE
ASTRONAUT	METEOR
ASTRONOM	STJERNETÅKE
HIMMEL	OBSERVATORIUM
KONSTELLASJON	PLANET
KOSMOS	STRÅLING
FORMØRKELSE	SOLAR
EQUINOX	SUPERNOVA
RAKETT	JORD
GALAXY	UNIVERS

16 - Physique

```
U  M  H  N  U  K  L  E  Æ  R  K  U  W  U
T  N  O  J  S  A  R  E  L  E  S  K  A  T
E  Y  I  M  O  T  O  R  K  A  O  S  M  V
H  X  N  V  X  N  S  B  T  P  M  S  A  I
T  G  K  G  E  N  X  J  T  G  R  A  G  D
T  Z  K  W  D  R  A  B  P  A  G  G  N  E
E  F  I  A  I  E  S  S  A  M  D  F  E  L
T  R  N  O  R  T  K  E  L  E  S  O  T  S
K  E  A  V  R  P  S  R  L  I  M  R  I  E
V  K  K  R  V  P  I  A  A  L  B  M  S  E
F  V  E  I  H  F  M  P  T  F  A  E  M  N
H  E  M  U  G  R  E  S  M  O  T  L  E  H
N  N  G  W  H  X  J  C  A  I  M  K  V  Y
T  S  E  L  L  Y  K  E  L  O  M  L  L  C
```

AKSELERASJON	GASS
ATOM	TYNGDEKRAFT
KAOS	MAGNETISME
KJEMISK	MASSE
TETTHET	MEKANIKK
UTVIDELSE	MOLEKYL
ELEKTRON	MOTOR
FORMEL	NUKLEÆR
FREKVENS	UNIVERSELL

17 - Types de Cheveux

```
S  H  M  V  L  A  N  G  Z  L  P  T  F  B
K  R  Ø  L  L  E  T  T  Q  E  R  Ø  A  R
S  D  E  Ø  T  H  R  Y  H  W  A  R  R  U
S  K  B  S  Y  V  O  K  G  R  Å  R  G  N
V  U  A  T  N  I  K  K  Y  W  R  X  E  Z
T  F  N  L  N  T  F  S  I  M  M  O  T  C
S  Y  R  N  L  Y  D  K  G  F  V  X  L  Z
V  R  K  Y  T  E  U  I  V  O  B  G  R  J
J  F  K  U  E  X  T  N  H  X  O  J  N  F
F  L  F  T  T  N  Z  N  F  G  H  C  R  K
C  H  Q  C  T  Y  R  E  L  L  Ø  R  K  R
B  Ø  L  G  E  T  E  N  G  L  P  J  U  K
Y  J  J  D  L  I  M  D  N  O  L  B  E  Y
F  S  Y  G  F  C  B  E  S  V  A  R  T  J
```

SØLV	KRØLLET
HVIT	GRÅ
BLOND	LANG
KRØLLER	BRUN
SKINNENDE	TYNN
SKALLET	SVART
FARGET	BØLGETE
KORT	SUNN
MYK	TØRR
TYKK	FLETTET

18 - Archéologie

```
F M C W H R N W M H G S U E
W O V Z B B R P Y N B M K H
R U S P K D N E S E Y W Q U
F E M S V O O T T K R J Q R
T W G N I O I R E K S R O F
A E A A S L O E R I E V U G
N B M J J E T P I T Æ J I G
A Q L P B R O S U N R A B F
L U X J E W Z K M A A Q X O
Y R N F D L R E L I K V I E
S S I V I L I S A S J O N A
E K E R A M I K K G L E M T
G L B U K J E N T T E A M X
V U R D E R I N G G R A V H
```

ANALYSE	UKJENT
ANTIKKEN	MYSTERIUM
FORSKER	OBJEKTER
SIVILISASJON	BEIN
EKSPERT	GLEMT
ÆRA	KERAMIKK
TEAM	RELIKVIE
VURDERING	TEMPEL
FOSSILT	GRAV

19 - Mammifères

```
I  K  M  U  T  N  A  F  E  L  E  V  U  F
G  T  A  O  G  I  M  N  F  O  W  W  L  D
X  J  J  N  L  H  G  W  F  X  S  A  V  E
Z  M  A  M  I  Ø  Z  E  A  O  K  S  E  S
Z  S  L  H  S  N  V  O  R  J  S  R  H  A
D  E  L  F  I  N  R  E  I  H  E  S  T  U
N  K  I  F  Q  R  E  N  J  F  G  O  N  K
U  R  R  M  D  Ø  V  B  S  L  S  A  V  E
H  J  O  G  F  J  M  D  E  K  A  T  T  N
M  T  G  V  J  B  Y  Y  Y  A  R  V  G  G
P  R  Æ  R  I  E  U  L  V  K  B  G  O  U
V  L  L  P  I  M  Q  A  D  A  E  A  J  R
C  M  A  H  N  Z  N  V  W  V  S  P  Z  U
Q  P  U  E  J  F  X  H  D  G  T  E  T  L
```

HVAL	KANIN
KATT	LØVE
HEST	ULV
HUND	SAU
PRÆRIEULV	BJØRN
DELFIN	REV
ELEFANT	APE
SJIRAFF	OKSE
GORILLA	TIGER
KENGURU	SEBRA

20 - Mathématiques

```
S  T  D  K  T  D  K  D  A  E  O  Y  I  R
Y  R  E  K  N  P  I  T  O  R  G  E  T  E
M  E  S  I  E  U  A  V  B  Æ  P  Q  O  K
M  K  I  T  N  J  P  R  I  F  Z  W  W  T
E  A  M  E  O  W  Z  W  A  S  X  W  Z  A
T  N  A  M  P  B  W  D  P  L  J  Q  K  N
R  T  L  T  S  Y  N  O  G  Y  L  O  P  G
I  L  G  I  K  U  B  S  A  V  E  N  E
L  N  N  R  E  U  M  T  V  I  D  V  L  L
O  D  I  A  M  E  T  E  R  N  K  O  W  L
V  E  N  O  E  K  C  R  M  K  Ø  L  X  M
O  G  G  L  E  S  R  K  J  L  R  U  U  I
S  U  I  D  A  R  Q  M  K  E  B  M  E  H
C  O  L  Q  B  V  B  O  I  R  W  E  Y  C
```

VINKLER	PARALLELL
ARITMETIKK	POLYGON
TORGET	RADIUS
OMKRETS	REKTANGEL
DESIMAL	SUM
DIAMETER	SFÆRE
DIVISJON	SYMMETRI
EKSPONENT	TREKANT
LIGNING	VOLUM
BRØKDEL	

21 - Mythologie

```
E  A  C  R  U  T  L  U  K  W  S  C  S  S
S  X  O  A  B  O  T  E  D  D  V  J  H  J
K  T  L  E  H  T  K  R  G  F  X  C  O  A
A  A  Y  D  W  R  T  J  Q  E  E  U  J  L
R  T  T  R  D  O  S  O  V  W  N  Y  L  U
K  O  B  A  K  M  A  G  I  S  K  D  Q  S
E  R  G  W  S  E  L  H  P  A  R  S  E  I
T  D  Y  F  X  T  G  M  O  N  S  T  E  R
Y  E  D  T  N  I  R  Y  B  A  L  Y  S  E
P  N  C  P  J  D  R  O  H  E  V  N  S  G
E  S  L  E  P  A  K  S  F  I  J  K  D  I
D  Ø  D  E  L  I  G  C  Q  E  V  D  J  R
U  D  Ø  D  E  L  I  G  H  E  T  N  E  K
S  K  A  P  N  I  N  G  I  L  L  H  Z  G
```

ARKETYPE
KATASTROFE
SKAPELSE
SKAPNING
TRO
KULTUR
LYN
STYRKE
KRIGER
HELT

UDØDELIGHET
SJALUSI
LABYRINT
LEGENDE
MAGISK
MONSTER
DØDELIG
TORDEN
HEVN

22 - Restaurant #2

```
A  K  Y  K  D  F  T  Z  Z  S  S  A  I  P
K  R  X  T  R  X  M  I  A  P  U  T  X  I
E  Y  M  R  H  Q  R  Z  M  I  I  P  O  B
Q  D  O  M  I  R  A  Y  R  X  S  I  P  L
A  D  S  O  O  Q  E  G  G  K  A  F  M  E
D  E  F  R  U  K  T  N  M  A  L  Y  I  R
S  R  V  A  N  N  L  R  L  K  A  J  D  A
X  L  J  K  T  E  A  H  A  E  T  O  D  A
E  G  A  N  V  J  S  M  P  F  K  G  A  Q
G  R  Ø  N  N  S  A  K  E  R  K  F  G  D
G  A  F  F  E  L  S  F  J  X  I  P  I  T
N  U  D  L  E  R  Q  S  K  O  R  X  Q  Y
B  N  Z  L  U  N  S  J  S  O  D  E  G  A
D  E  I  L  I  G  F  I  S  K  Y  B  H  H
```

DRIKK	KAKE
STOL	IS
SKJE	GRØNNSAKER
LUNSJ	NUDLER
DEILIG	EGG
MIDDAG	FISK
VANN	SALAT
KRYDDER	SALT
GAFFEL	KELNER
FRUKT	SUPPE

23 - Beauté

```
E  K  N  I  M  S  K  F  C  H  F  J  V  Z
S  R  E  L  E  G  A  N  S  E  O  O  U  F
A  Ø  L  I  A  I  D  R  K  G  T  L  D  L
D  L  H  E  A  X  H  V  A  R  O  J  L  F
U  L  D  P  P  S  X  N  S  A  G  E  X  V
F  E  Y  S  Q  P  J  X  G  F  E  R  P  Q
T  R  M  D  I  L  E  A  G  C  N  N  F  P
T  N  A  G  E  L  E  S  M  C  S  Å  X  Z
A  S  R  S  D  H  F  C  T  P  X  D  U  H
L  J  A  O  T  Q  W  B  Z  I  O  E  X  J
G  A  C  A  G  Z  U  I  L  Y  F  B  V  W
D  R  S  Q  L  L  T  S  I  L  Y  T  S  Q
Q  M  A  K  O  S  M  E  T  I  K  K  N  K
L  Z  M  T  J  E  N  E  S  T  E  R  J  G
```

KRØLLER	SMINKE
SJARM	MASCARA
SAKS	SPEIL
KOSMETIKK	DUFT
FARGE	HUD
ELEGANSE	FOTOGEN
ELEGANT	LEPPESTIFT
NÅDE	TJENESTER
OLJER	SJAMPO
GLATT	STYLIST

24 - Avions

```
N  B  A  R  Y  T  N  E  V  E  X  R  J  H
T  R  T  D  U  Z  A  H  I  M  M  E  L  I
N  E  G  P  Z  U  V  X  I  R  V  L  H  S
O  N  N  O  G  N  I  D  N  A  L  L  Y  T
J  S  I  T  X  R  G  V  R  Y  E  E  D  O
S  E  N  K  P  E  E  D  Y  Ø  H  P  R  R
K  L  M  Q  T  L  R  Z  O  M  B  O  O  I
U  V  A  H  W  R  E  Æ  T  S  A  R  G  E
R  E  T  N  I  N  G  X  F  G  L  P  E  W
T  K  S  L  U  F  T  C  J  S  L  T  N  P
S  U  V  N  M  O  T  O  R  T  O  L  I  P
N  P  A  K  S  N  N  A  M  P  N  M  T  I
O  P  A  S  S  A  S  J  E  R  G  Q  T  D
K  T  U  R  B  U  L  E  N  S  C  I  X  A
```

LUFT	MANNSKAP
ATMOSFÆRE	HØYDE
LANDING	PROPELLER
EVENTYR	HISTORIE
BALLONG	HYDROGEN
BRENSEL	MOTOR
HIMMEL	NAVIGERE
KONSTRUKSJON	PASSASJER
AVSTAMNING	PILOT
RETNING	TURBULENS

25 - Aventure

```
O U M L H G I L N A V U M Y
U V T S J G L T I I S E U D
T Y E F C I E E P A J M L M
F A G R O L W C D C A S I Z
L N L U R R N N I E N A G N
U R Y F I A D I R J S I H A
K R Z B Q F S R F J E S E V
T T E H R E K K I S W U T I
N Y R E I S E R E N B T I G
A K T I V I T E T N G N W A
N A T U R C M C P E D E C S
R A L I E T U R E S I E R J
V A N S K E L I G H E T P O
M F O R B E R E D E L S E N
```

AKTIVITET
SJANSE
FARLIG
UTFORDRINGER
VANSKELIGHET
ENTUSIASME
UTFLUKT
UVANLIG
REISERUTE

GLEDE
NATUR
NAVIGASJON
NY
MULIGHET
FORBEREDELSE
SIKKERHET
OVERRASKENDE
REISER

26 - Ville

```
U  N  I  V  E  R  S  I  T  E  T  A  T  H
S  T  A  D  I  O  N  O  L  S  I  P  E  O
D  Y  R  E  H  A  G  E  E  U  C  O  A  T
S  A  L  O  N  G  R  Q  D  P  O  T  T  E
M  B  A  K  E  R  I  W  N  E  T  E  E  L
B  U  N  O  Z  M  K  S  A  R  K  K  R  L
I  G  S  Y  L  N  Z  K  H  M  B  R  L  B
B  A  Q  E  Z  G  P  K  K  A  A  F  A  I
L  L  Y  C  U  C  N  L  O  R  N  B  Z  M
I  L  W  G  J  M  O  I  B  K  K  D  M  T
O  E  Y  B  K  T  L  N  H  E  A  H  H  I
T  R  S  K  O  L  E  I  I  D  J  F  S  J
E  I  T  D  Q  V  Y  K  I  K  C  F  V  Y
K  T  N  M  N  T  V  K  A  T  T  Q  E  W
```

BANK	MARKED
BIBLIOTEK	MUSEUM
BAKERI	APOTEK
KINO	SALONG
KLINIKK	STADION
SKOLE	SUPERMARKED
GALLERI	TEATER
HOTELL	UNIVERSITET
BOKHANDEL	DYREHAGE

27 - Ingénierie

```
D  I  E  V  R  W  P  P  M  C  B  F  D  A
I  J  N  W  Æ  F  H  C  C  U  E  R  I  K
E  T  E  V  I  S  R  B  T  O  R  E  S  S
S  D  R  I  B  N  K  G  P  S  E  M  T  E
E  N  G  N  B  G  H  E  M  T  G  D  R  R
L  N  I  K  S  A  M  V  Å  Y  N  R  I  D
V  S  F  E  S  M  X  C  L  R  I  I  B  C
N  Z  V  L  P  W  A  L  Q  K  N  F  U  M
N  O  J  S  A  T  O  R  F  E  G  T  S  O
D  A  W  U  K  W  C  T  G  N  S  W  J  T
Y  W  Z  H  E  K  S  A  W  A  F  Y  O  O
B  M  Y  K  R  E  T  E  M  A  I  D  N  R
D  S  T  A  B  I  L  I  T  E  T  D  M  O
E  K  O  N  S  T  R  U  K  S  J  O  N  B
```

VINKEL	SPAKER
AKSER	VÆSKE
BEREGNING	MASKIN
KONSTRUKSJON	MÅL
DIAGRAM	MOTOR
DIAMETER	DYBDE
DIESEL	FREMDRIFT
DISTRIBUSJON	ROTASJON
ENERGI	STABILITET
STYRKE	

28 - Énergie

```
G S X G J P D B M F Z L M M
N O R T K E L E D O G U Z N
O L H I K I R N U R C Z Y A
B W X Y N A L S R N O T O F
R V B L D D T I R Y F E N O
A I Y A H R U N R B F N N R
K N L E T Z O S S A I T U U
U D M T Z T L G T R N R K R
K S I R T K E L E R Z O L E
M I L J Ø M S R J N I P E N
X B R E N S E L I N S I Æ S
Y H T G J N I B R U T G R I
H L H W E Y D X K Z R X H N
M O T O R D C V A R M E Y G
```

BATTERI	HYDROGEN
KARBON	INDUSTRI
BRENSEL	MOTOR
VARME	NUKLEÆR
DIESEL	FOTON
ENTROPI	FORURENSING
MILJØ	FORNYBAR
BENSIN	SOL
ELEKTRISK	TURBIN
ELEKTRON	VIND

29 - Cuisine

```
K  K  O  P  P  E  R  L  Z  O  G  J  V  E
F  J  S  K  J  E  E  R  E  D  M  W  H  E
O  R  E  N  N  I  P  E  S  I  P  S  E  S
R  S  G  L  G  O  P  P  S  K  R  I  F  T
K  Z  G  W  E  W  A  I  L  Ø  E  R  R  T
L  P  U  U  K  C  K  H  S  A  V  G  C  E
E  A  M  H  K  M  S  Q  E  G  I  F  E  I
S  C  W  N  U  A  E  K  Q  R  N  V  O  V
S  V  N  G  R  T  L  R  X  I  K  I  M  R
M  F  A  C  K  P  Ø  Y  T  L  A  H  W  E
D  M  T  M  A  Z  J  D  U  L  L  D  X  S
O  R  U  N  P  N  K  D  Z  E  E  B  W  F
B  O  L  L  E  C  T  E  F  R  Y  S  E  R
G  A  F  L  E  R  T  R  A  G  F  Z  V  W
```

SPISEPINNER	GAFLER
BOLLE	GRILLE
KJELE	ØSE
FRYSER	MAT
KNIVER	KRUKKE
MUGGE	OPPSKRIFT
SKJEER	KJØLESKAP
KRYDDER	SERVIETT
SVAMP	FORKLE
OVN	KOPPER

30 - Corps Humain

```
A H O O G E O Y D S V T Y C
L U A D H E U J D N Å H A S
B M I K R P F G U T P E K U
U T C M E G I A H J E R N E
E N K F I N G E R A N U X S
T K I S N A A S V V M A G E
R D G H Q K L C K N M B O N
E O K J E V E H S U C K L N
J L E K N A M O V P L I P U
H B E H A L S H O D E D U M
A R I P N E U Ø R E R C E L
M W C Z P T D K B Z B H G R
D Y Y Q Z E G K A O B K Y L
R R X M K L R Y G T V F W I
```

MUNN	LEPPER
HJERNE	HÅND
ANKEL	KJEVE
HALS	HAKE
ALBUE	NESE
HJERTE	ØRE
FINGER	HUD
MAGE	BLOD
SKULDER	HODE
KNE	ANSIKT

31 - Épices

```
Q  B  T  G  Y  E  J  G  B  H  S  G  G  W
P  E  P  P  E  R  M  I  Z  F  H  N  X  J
W  R  C  B  G  B  U  K  A  N  E  L  U  D
R  N  K  T  I  I  S  I  N  A  N  Z  F  O
S  M  A  K  D  T  K  H  V  I  T  L  Ø  K
E  I  J  Ø  I  T  A  R  Æ  F  E  G  N  I
N  R  R  L  E  E  T  F  O  E  O  C  U  Q
B  R  A  K  I  R  P  A  P  N  C  P  L  J
N  A  R  F  A  S  S  X  E  N  Y  U  R  R
M  K  W  M  T  L  A  S  R  I  R  M  A  A
K  O  R  I  A  N  D  E  R  K  S  E  T  M
S  J  U  G  E  M  M  O  M  E  D  R  A  K
J  Y  S  D  W  V  A  E  J  L  I  N  A  V
S  P  I  S  S  K  U  M  M  E  N  B  J  I
```

SUR	INGEFÆR
HVITLØK	MUSKAT
BITTER	LØK
ANIS	PAPRIKA
KANEL	PEPPER
KARDEMOMME	LAKRIS
KORIANDER	SAFRAN
SPISSKUMMEN	SMAK
KARRI	SALT
FENNIKEL	VANILJE

32 - Science

```
K H Y P O T E S E X F L M O
M L K J E M I S K E A X U Z
D P I F Y S I K K K K F I I
P I D M O R T D V S T B R K
D H S F A K E S N P U O O M
F O R S K E R L T E M O T A
A H D W O Y V D K R U T A N
M I N E R A L E R I A L R A
M E T O D E B G D M T H O V
M O L E K Y L E R E A R B P
E V O L U S J O N N D X A R
F O S S I L T A N T N F L P
T Y N G D E K R A F T L U A
O R G A N I S M E L N A L U
```

ATOM
KJEMISK
KLIMA
DATA
EKSPERIMENT
EVOLUSJON
FAKTUM
FOSSILT
TYNGDEKRAFT
HYPOTESE

LABORATORIUM
METODE
MINERALER
MOLEKYLER
NATUR
ORGANISME
PARTIKLER
FYSIKK
FORSKER

33 - Vêtements

```
F  S  Y  M  X  C  X  B  A  R  K  I  R  H
S  H  P  S  A  A  C  E  S  K  U  B  R  A
H  E  I  F  B  H  P  L  S  C  V  I  E  L
Z  E  Y  H  A  G  E  T  R  O  J  K  S  S
H  A  T  T  A  R  E  E  F  L  T  G  N  K
B  L  U  S  E  N  M  E  S  O  K  V  E  J
S  K  J  Ø  R  T  S  B  H  K  R  T  G  E
N  K  K  J  O  L  E  K  Å  S  Y  K  O  D
A  A  T  V  P  U  A  P  E  N  S  S  L  E
E  R  P  Y  J  A  M  A  S  R  D  K  J  E
J  F  S  A  N  D  A  L  E  R  Y  J  A  T
X  R  Z  I  Y  F  B  L  Y  M  I  E  K  O
Z  L  V  M  O  H  L  J  O  G  K  R  K  M
L  H  Q  J  E  N  X  R  I  F  L  F  E  A
```

ARMBÅND	SKJØRT
BELTE	FRAKK
HATT	MOTE
SKO	BUKSE
SKJORTE	GENSER
BLUSE	PYJAMAS
HALSKJEDE	KJOLE
SKJERF	SANDALER
HANSKER	FORKLE
JEANS	JAKKE

34 - Arts Visuels

```
K E N K O L G N O L B A J S
D R N D Q D F M L K K P A K
T T E R T R O P E R E E R U
B Z P A K P S F I I R R K L
L H H Y T Q K D R T A S I P
C N B O X I O T E T M P T T
G P K H C I V S M D I E E U
B X K U L L A I D W K K K R
L E A H Z X X T T K K T T M
Y O L M A L E R I E P I U Z
A D I L E F F A T S T V R W
N W C I M E S T E R V E R K
T W B F U E Z O K Z F T D A
S A M M E N S E T N I N G N
```

ARKITEKTUR   BLYANT
LEIRE   KREATIVITET
ARTIST   FILM
KERAMIKK   MALERI
KULL   PERSPEKTIV
MESTERVERK   SJABLONG
STAFFELI   PORTRETT
VOKS   SKULPTUR
SAMMENSETNING   PENN
KRITT   LAKK

35 - Méditation

```
N A T U R E N A V N Q M J O
K L A R H E T E K X O P L B
F Ø L E L S E R R B J S A S
O P P M E R K S O M H E T E
V E N N L I G H E T V S N R
C K N T Q R O L I G D L E V
H G M H O L D N I N G E M A
T E T U V Å K E N P O G E S
T A K K N E M L I G H E T J
P P E R S P E K T I V V S O
E S L E L Ø F D E M L E U N
S N M K L T A S E V X B P Z
K K I S U M C H W R E U G L
A S T I L L H E T O F F Z E
```

AKSEPT

OPPMERKSOMHET

ROLIG

KLARHET

MEDFØLELSE

FØLELSER

VÅKEN

VENNLIGHET

TAKKNEMLIGHET

VANER

MENTAL

BEVEGELSE

MUSIKK

NATUR

OBSERVASJON

FRED

PERSPEKTIV

HOLDNING

PUSTE

STILLHET

36 - Littérature

```
T A J D F O R F A T T E R T
R M C G I Y K J M K K M I R
A V K M F A Q M G S I T B J
G M O J X E L V E I D Y E S
E M M K I X Z O Y T N R T T
D E S Y L A N A G E A B I I
I N C P R N F J F O M F G L
E I F A R G O I B P O X O Q
B N B J H Y G L X A R F L R
T G K O N K L U S J O N A M
R E L L E T R O F U A T N F
Z K M Z N E T O D K E N A B
I Y R A K N K M R A K A O Y
S A M M E N L I G N I N G X
```

ANALOGI
ANALYSE
ANEKDOTE
FORFATTER
BIOGRAFI
SAMMENLIGNING
KONKLUSJON
DIALOG
METAFOR
FORTELLER

MENING
DIKT
POETISK
RIM
ROMAN
RYTME
STIL
TEMA
TRAGEDIE

37 - Nourriture #1

```
T  I  M  J  J  H  S  Y  G  Q  U  T  T  G
U  D  E  H  M  O  V  B  F  U  F  S  J  Y
N  J  L  C  P  F  R  I  C  H  L  Y  Z  C
F  L  K  Ø  L  T  L  D  T  N  Y  R  Q  V
I  R  K  J  Ø  T  T  O  B  L  Q  C  O  J
S  O  Z  T  A  N  I  P  S  Æ  Ø  S  Z  T
K  J  F  L  T  E  P  P  U  S  R  K  Q  A
H  V  R  A  N  P  B  S  U  K  K  E  R  L
G  G  W  S  T  E  Y  D  K  S  T  A  Z  A
J  U  I  C  E  R  G  H  A  H  W  U  V  S
L  R  D  V  Q  Æ  G  O  N  O  R  T  I  S
S  K  T  P  J  P  B  H  E  F  F  A  K  Q
O  K  J  H  B  C  W  R  L  Q  K  X  V  U
E  Q  B  A  S  I  L  I  K  U  M  E  H  S
```

HVITLØK	NEPE
BASILIKUM	LØK
KAFFE	BYGG
KANEL	PÆRE
GULROT	SALAT
SITRON	SALT
SPINAT	SUPPE
JORDBÆR	SUKKER
JUICE	TUNFISK
MELK	KJØTT

38 - Jours et Mois

```
O  N  S  D  A  G  A  D  E  R  F  L  T  B
D  G  U  H  F  G  V  F  H  J  C  L  C  N
S  Ø  N  D  A  G  X  J  A  N  U  A  R  X
M  Å  N  E  D  V  R  E  D  N  E  L  A  K
G  G  E  K  H  L  Ø  R  D  A  G  I  U  N
A  U  G  U  S  T  J  A  M  Y  G  L  R  O
D  I  R  V  F  R  U  Q  U  Z  O  B  V
N  H  D  G  A  F  F  Z  N  O  T  U  E  E
A  D  W  F  M  S  H  C  L  I  B  R  F  M
M  O  K  T  O  B  E  R  L  J  U  L  I  B
A  P  R  I  L  S  D  T  X  K  W  M  U  E
S  E  P  T  E  M  B  E  R  R  X  P  G  R
Q  P  B  R  N  J  T  O  R  S  D  A  G  Y
F  T  I  R  S  D  A  G  S  G  Z  S  M  R
```

AUGUST	TIRSDAG
APRIL	MARS
KALENDER	ONSDAG
SØNDAG	MÅNED
FEBRUAR	NOVEMBER
JANUAR	OKTOBER
TORSDAG	LØRDAG
JULI	UKE
JUNI	SEPTEMBER
MANDAG	FREDAG

39 - Jardinage

```
B E H O L D E R B D X K T J
Q P G S V F I A L Z A B N E
K S I N A T O B O B L A D B
B I J G N R R P M U W A H G
L K L I M A U T S O P M O K
O J L L S G V M T W D Y A V
M O Ø E A L T Z R S G A F Q
S R V S V A S E J Q Q Y W
T D V I Y W Y N T S M T J N
E Z E P S T E H G I T K U F
R B R S V K X F L E F R Ø E
Z Q K L M M I I U J Y R F Y
R B U K E T T T B S X F M I
E K S O T I S K T D A X F O
```

BOTANISK	BLAD
BUKETT	BLOMSTRE
KLIMA	BLOMSTER
SPISELIG	FRØ
KOMPOST	FUKTIGHET
VANN	BEHOLDER
ART	SKITT
EKSOTISK	JORD
LØVVERK	SLANGE

40 - Entreprise

```
K F D L R G L A S P I B R W
E O A T U L A V K R N U E B
H E N B W L R E A O N T V U
F A Z T R L L T T F T I I D
I B N H O I I S T I E K G S
N N C D R R K O E T K K S J
A W K G E D N K R T T D E
N V Q G G L Ø K O N O M I T
S M G K N F S S Y W G I E T
Y C C F E A B V N A M C B T
Q K Y A P W R Q A S V M R A
S E L S K A P I D R C I A S
K A R R I E R E Y X E S S N
I N V E S T E R I N G R Y A
```

PENGER
BUTIKK
BUDSJETT
KONTOR
KARRIERE
KOSTE
VALUTA
ARBEIDSGIVER
ANSATT
SELSKAP

ØKONOMI
FINANS
SKATTER
INVESTERING
HANDELSVARER
PROFITT
INNTEKT
FABRIKK
SALG

41 - Activités

```
G G A G N I N P A L S V A R
S F O T O G R A F E R I N G
J A I U J M L E S I N G B K
D S O B F M Q U L J B V R U
F E R D I G H E T A A N C N
C A M P I N G Z D M M K Z S
D P Y B Y Y A A S X I R T T
I N T E R E S S E R M A G I
T V R X U C O J Z S P I L L
I H A G E A R B E I D G I F
R E R U T T O F V C M L T I
F H Å N D V E R K W T E D S
K E R A M I K K C W B D E K
A K T I V I T E T F C E U E
```

AKTIVITET
KUNST
HÅNDVERK
CAMPING
KERAMIKK
JAKT
FERDIGHET
SY
INTERESSER
HAGEARBEID

SPILL
LESING
FRITID
MAGI
MALERI
FISKE
FOTOGRAFERING
GLEDE
FOTTURER
AVSLAPNING

42 - Mode

```
D R A K S I T K A R P F N T
B Y I R O K G P K G H I Y N
E K R U F N N B K L C K Z T
S N E T I R B Q E D Æ H G N
K A T S S F L E K N E R Q A
J P S K T M O R I M E L I G
E P N E I X N T R E N D U E
D E Ø T K R D B S N S T I L
E R M M E H E N R E D O M E
N K C R R A R D A N D G U K
E U Q I T U O B O V M R V H
O R I G I N A L P R Q A W I
S T O F F G Y L U H B D A D
M I N I M A L I S T I S K O
```

RIMELIG
BOUTIQUE
KNAPPER
BRODERI
DYRT
BLONDER
ELEGANT
MINIMALISTISK
MODERNE
BESKJEDEN

MØNSTER
ORIGINAL
PRAKTISK
ENKEL
SOFISTIKERT
STIL
TREND
TEKSTUR
STOFF
KLÆR

43 - Fleurs

```
L  Q  J  Q  I  B  D  A  L  B  N  O  R  K
K  E  N  D  X  D  R  M  I  B  L  R  E  T
H  I  B  I  S  K  U  S  L  U  V  K  V  U
L  K  T  D  M  X  D  Q  L  K  C  I  Ø  L
Ø  O  D  G  U  S  W  V  A  E  C  D  L  I
V  I  K  T  C  H  A  A  J  T  A  É  K  P
E  L  A  T  U  Y  E  J  M  T  I  B  T  A
T  E  K  K  I  S  L  O  S  G  L  M  O  N
A  D  X  K  R  J  I  J  X  U  O  D  G  V
N  N  O  E  P  O  I  C  R  G  N  B  Q  A
N  E  J  L  I  L  S  Z  N  Y  G  R  V  L
Y  V  F  N  A  I  N  E  D  R  A  G  K  M
P  A  S  J  O  N  S  B  L  O  M  S  T  U
W  L  T  U  S  E  N  F  R  Y  D  J  K  E
```

BUKETT
GARDENIA
HIBISKUS
SJASMIN
LAVENDEL
LILLA
LILJE
MAGNOLIA
TUSENFRYD
ORKIDÉ

PASJONSBLOMST
VALMUE
KRONBLAD
LØVETANN
PEON
ROSE
SOLSIKKE
KLØVER
TULIPAN

44 - Nourriture #2

```
B  S  E  L  L  E  R  I  Z  P  I  E  W  V
L  R  Æ  B  E  S  R  I  K  E  P  L  E  B
P  P  O  S  E  I  M  M  I  H  S  V  V  H
J  U  K  K  Q  R  T  A  M  O  T  I  L  V
R  H  X  J  K  G  X  B  N  H  H  M  I  E
J  M  M  G  W  O  A  E  H  G  Y  M  T  T
Z  O  F  I  S  K  L  N  G  R  O  H  B  E
F  C  H  W  G  H  W  I  X  U  D  Y  C  R
F  S  K  I  N  K  E  G  E  G  G  M  Z  E
U  W  W  K  I  D  Ø  R  B  A  N  A  N  O
C  Q  J  Y  L  U  S  E  M  A  N  D  E  L
A  Q  S  D  L  U  H  B  P  Z  C  T  E  W
Y  I  Q  D  Y  J  S  U  D  R  U  E  U  F
X  S  N  X  K  E  D  A  L  O  K  O  J  S
```

MANDEL	KIWI
AUBERGINE	MANGO
BANAN	EGG
HVETE	BRØD
BROKKOLI	FISK
KIRSEBÆR	EPLE
SELLERI	KYLLING
SOPP	DRUE
SJOKOLADE	RIS
SKINKE	TOMAT

45 - Algèbre

```
L I G N I N G H K T E B C U
S M A T R I S E J Y K R M T
H U N U M M E R V M S Ø M P
L E B A I R A V O H P K X A
L L F T F A K T O R O D D R
I Ø O U R F A L S K N E I E
N S R E U A C A S M E L A N
E N M D E Z K A Q E N L G T
Æ I E M N G R S O L T U R E
R N L E D I J F J B O N A S
C G N N E N O Z G O A D M H
H F D G L E P N T R N Q U Y
Z T U D I D N W I P K G S P
N I V E G F O R E N K L E M
```

DIAGRAM	NUMMER
EKSPONENT	PARENTES
LIGNING	PROBLEM
FAKTOR	MENGDE
FALSK	FORENKLE
FORMEL	LØSNING
BRØKDEL	SUM
UENDELIG	SUBTRAKSJON
LINEÆR	VARIABEL
MATRISE	NULL

46 - Océan

```
Y  V  N  O  U  A  T  T  S  U  B  E  K  Y
C  J  H  M  B  Z  A  A  X  A  G  I  R  S
B  L  E  K  K  S  P  R  U  T  G  N  A  T
G  U  S  K  H  X  O  Y  K  Å  N  U  B  E
J  J  T  S  E  N  L  H  U  B  W  U  B  N
H  H  O  I  H  R  O  C  Å  V  B  X  E  A
Z  E  R  F  D  A  C  P  L  Z  V  Z  S  M
S  E  M  L  K  S  I  F  N  U  T  P  F  K
V  E  R  E  G  L  Ø  B  B  A  Y  V  R  O
A  Ø  S  T  E  R  S  H  W  B  Z  A  R  R
M  M  K  I  D  Z  R  M  E  H  T  F  W  A
P  S  K  I  L  P  A  D  D  E  V  D  P  L
D  E  L  F  I  N  Y  A  Y  T  L  A  S  L
L  Q  J  R  Q  R  N  T  R  L  S  J  L  B
```

TANG	MANET
ÅL	FISK
HVAL	BLEKKSPRUT
BÅT	HAI
KORALL	REV
KRABBE	SALT
REKE	STORM
DELFIN	TUNFISK
SVAMP	SKILPADDE
ØSTERS	BØLGER

47 - Antiquités

```
E  O  F  A  S  Q  I  G  S  A  Q  W  G  M
P  L  I  E  T  B  V  S  A  P  Q  A  U  Ø
R  M  E  Y  I  H  E  H  F  L  V  Z  G  B
E  R  R  G  L  Y  R  X  X  Z  L  X  N  L
S  E  D  Z  A  L  D  X  O  N  X  E  I  E
T  K  N  Y  P  N  I  A  C  W  X  C  R  R
A  K  U  O  T  E  T  I  L  A  V  K  E  I
U  Y  H  N  M  A  L  E  R  I  E  R  T  A
R  M  R  J  S  G  A  M  M  E  L  K  S  U
E  S  Å  V  I  T  A  R  O  K  E  D  E  K
R  I  W  M  R  E  T  N  Y  M  M  U  V  S
I  R  U  T  P  L  U  K  S  H  L  V  N  J
N  U  V  A  N  L  I  G  E  T  R  B  I  O
G  A  U  T  E  N  T  I  S  K  E  O  I  N
```

KUNST	MALERIER
AUTENTISK	MYNTER
SMYKKER	PRIS
DEKORATIV	KVALITET
AUKSJON	RESTAURERING
ELEGANT	SKULPTUR
GALLERI	ÅRHUNDRE
UVANLIG	STIL
INVESTERING	VERDI
MØBLER	GAMMEL

48 - Ballet

```
Ø  D  R  T  B  S  S  P  P  T  E  L  Y  E
V  A  Y  H  E  R  S  U  A  L  P  P  A  F
I  N  T  K  J  H  X  B  H  I  H  K  G  B
N  S  M  A  E  D  G  L  E  T  P  J  Z  A
G  E  E  N  F  E  I  R  S  C  V  F  L
S  R  G  P  B  S  S  K  D  V  V  A  H  L
D  E  Z  P  O  B  T  U  Z  R  U  D  X  E
G  R  A  S  I  Ø  S  M  F  Q  E  H  P  R
M  U  S  K  L  E  R  I  N  E  D  F  M  I
K  U  N  S  T  N  E  R  I  S  K  V  U  N
S  O  R  K  E  S  T  E  R  Q  C  C  S  A
O  K  O  R  E  O  G  R  A  F  I  J  I  C
L  C  A  H  T  S  I  N  O  P  M  O  K  G
O  I  N  T  E  N  S  I  T  E  T  F  K  J
```

APPLAUS	INTENSITET
KUNSTNERISK	MUSKLER
BALLERINA	MUSIKK
KOREOGRAFI	ORKESTER
FERDIGHET	PUBLIKUM
KOMPONIST	ØVING
DANSERE	RYTME
GEST	SOLO
GRASIØS	STIL

49 - Fruit

```
K M C X Z W Y Z N T Q K G S
P I E L P E N X N W X R U I
Æ W R L N G C V N W I N A T
R I Y S O A P R I K O S V R
E K N B E N E K R C D Y A O
B O M A F B R P A P A Y A N
K R A N E V Æ U T A K Y J Y
F A N A R L B R K N O U O D
I N G N S O E I E A V I B D
G S O Y K H G H N N A L G J
N J W D E D N K T A S I F F
Q E I R N M I B E S A V V S
V K Y U L O R U Æ R Q A O M
D U S E F G B X O R V E U B
```

APRIKOS	KIWI
ANANAS	MANGO
AVOKADO	MELON
BÆR	NEKTARIN
BANAN	ORANSJE
KIRSEBÆR	PAPAYA
SITRON	FERSKEN
FIG	PÆRE
BRINGEBÆR	EPLE
GUAVA	DRUE

50 - Technologie

```
S E R A V M A R G O R P G E
K K V J I M M E L D I N G L
A F R T S E P T C A B S O N
M O E I E A S Y J I M Z L I
E R S M F A B B J Q U S B K
R S E Q I T E H R E K K I S
A K L K Z V L S V W J V M A
W N T Q G R L A J N W I A M
O I T T E N R E T N I R R A
I N E W P W M J G I K U K T
I G N S K J E R M Q G S Ø A
V I R T U E L L Q R G I R D
S T A T I S T I K K P K D U
D A T A J W I F G T R D S C
```

VISE
BLOGG
KAMERA
MARKØR
DATA
SKJERM
FIL
INTERNETT
PROGRAMVARE
MELDING

NETTLESER
DIGITALT
BYTE
DATAMASKIN
SKRIFT
FORSKNING
SIKKERHET
STATISTIKK
VIRTUELL
VIRUS

51 - Musique

```
K  L  O  D  G  D  C  U  I  L  K  P  B  H
A  J  T  R  Y  Y  K  O  N  L  L  O  A  A
F  M  D  E  M  T  Y  R  N  Y  A  E  L  R
J  F  S  G  M  K  Z  E  S  R  S  T  L  M
M  L  F  N  S  P  N  K  P  I  S  I  A  O
W  E  L  A  O  I  O  I  I  S  I  S  D  N
H  B  L  S  V  V  F  S  L  K  S  K  E  I
V  A  C  O  G  Y  O  U  L  F  K  X  Q  S
O  R  R  E  D  I  R  M  I  Z  A  E  V  K
K  E  Q  M  E  I  K  K  N  O  U  W  A  C
A  P  G  V  O  P  I  E  G  N  Y  S  L  W
L  O  O  K  Z  N  M  Q  D  L  A  D  B  P
L  B  F  L  K  S  I  M  T  Y  R  X  U  A
G  L  F  H  K  S  L  A  K  I  S  U  M  F
```

ALBUM	MIKROFON
BALLADE	MUSIKALSK
SYNGE	MUSIKER
SANGER	OPERA
KLASSISK	POETISK
INNSPILLING	RYTME
HARMONI	RYTMISK
HARMONISK	TEMPO
LYRISK	VOKAL
MELODI	

52 - Météo

```
H  S  T  O  R  M  Y  K  N  O  B  X  T  I
F  P  R  K  A  G  W  L  T  U  Q  K  O  Q
P  O  S  W  D  D  N  I  V  B  C  Q  R  B
T  L  N  A  K  R  O  M  Y  F  R  T  N  V
N  A  J  U  E  P  T  A  D  R  H  Ø  A  M
E  R  Æ  F  S  O  M  T  A  U  D  R  D  H
T  Ø  R  K  E  N  I  S  O  T  S  R  O  I
R  H  W  Q  K  E  O  N  R  A  M  K  T  M
O  O  J  J  Å  D  B  M  B  R  I  S  Y  M
R  Y  L  Z  T  R  Z  I  I  E  Q  I  W  E
Y  M  A  I  A  O  X  L  F  P  U  P  J  L
B  P  S  S  G  T  Y  Y  D  M  S  O  Y  Q
R  N  W  R  E  G  N  B  U  E  I  R  Y  B
H  Z  Z  M  N  Z  G  L  M  T  O  T  G  R
```

REGNBUE	ORKAN
ATMOSFÆRE	POLAR
BRIS	TØRR
TÅKE	TØRKE
ROLIG	TEMPERATUR
HIMMEL	STORM
KLIMA	TORDEN
IS	TORNADO
MONSUN	TROPISK
SKY	VIND

53 - L'Entreprise

```
U D E N W U G J G I I T V M
R E T K E T N N I N N R I S
R Y K T E X I V A D N E R Y
E A X O A D N J C U O N K S
S Q F V O M T J T S V D S S
R I S I K O U G E T A E O E
U A B T Z D L L T R T R M L
S T I A X X S A I I I E H S
S K I E U T E B L G V U E E
E U Y R U Q B O A V H N T T
R D E K J U X L V Y Y E H T
W O X L E W J G K Q A U T I
P R E S E N T A S J O N Y N
P P F R A M G A N G M J M G
```

VIRKSOMHET
KREATIV
BESLUTNING
SYSSELSETTING
GLOBAL
INDUSTRI
INNOVATIV
MULIGHET
PRESENTASJON

PRODUKT
FRAMGANG
KVALITET
RESSURSER
INNTEKTER
RYKTE
RISIKO
TRENDER

54 - Gouvernement

```
W U G R U N N L O V B S D L
I B G I L S T T E R B T I I
R E T T I G H E T E R A S K
F L N W V T S R G N G T T E
R A E V I U A Y X W B Y R S
I T M V S Z N R M Z O M I T
H H U U B K K K B G Y K I
E Z N Z R M K K G O O S T L
T N O J S A N I U I M L Z L
Y P M G B J S T I J M E S I
U A V H E N G I G H E T D N
L E K Y Q G I L E D E R F G
A O C H L A N O J S A N E N
A L V Z K F R P R U R Q S I
```

SIVIL
GRUNNLOV
DEMOKRATI
TALE
DISTRIKT
RETTIGHETER
LIKESTILLING
STAT
UAVHENGIGHET

RETTSLIG
FRIHET
LOV
MONUMENT
NASJON
NASJONAL
FREDELIG
POLITIKK
SYMBOL

55 - Randonnée

```
V  S  V  J  Q  N  J  S  T  G  A  R  F  Q
T  R  A  K  L  I  M  A  O  U  U  C  O  U
M  U  N  K  C  U  E  C  H  L  N  C  R  E
W  T  N  L  P  A  T  R  Z  I  Y  G  B  O
B  A  F  I  K  D  M  C  W  W  I  U  E  S
Z  N  Q  P  O  I  U  P  N  H  S  V  R  V
S  N  Q  P  U  A  A  G  I  Q  H  N  E  X
P  E  W  E  B  N  Q  Y  C  N  W  U  D  M
A  T  O  P  P  M  Ø  T  E  F  G  R  E  O
R  R  F  S  G  R  E  L  V  Ø  T  S  L  D
K  E  J  Y  S  O  Z  N  W  L  T  L  S  I
E  R  E  N  I  E  T  S  M  O  Ø  L  E  P
R  A  L  O  R  I  E  N  T  E  R  I  N  G
H  F  L  D  Y  R  Æ  V  C  S  T  V  T  B
```

DYR	VÆR
STØVLER	FJELL
CAMPING	NATUR
KART	ORIENTERING
KLIMA	PARKER
FARER	STEINER
VANN	FORBEREDELSE
KLIPPE	VILL
TRØTT	SOL
TUNG	TOPPMØTE

56 - Art

```
K K Y R T T U O P X T S P P
S U R R E A L I S M E K O G
I V X T N S A V T W P I E N
M N G K M Y N A V N V L S I
A A I H E M I O D G Y D I N
R I L I H B G N X X R R W T
E H N E A O I I F M P E A E
K U O S R L R U T P L U K S
J M S A P I O F I G U R Y N
F Ø R C U I E E S K A P E E
T R E W F L R R N Y Z T Y M
E D P I M D M E D K U F Z M
K O M P L E K S R M E W L A
E Æ R L I G K Q O T K L U S
```

KERAMISK	ORIGINAL
KOMPLEKS	MALERIER
SAMMENSETNING	PERSONLIG
SKAPE	POESI
SKILDRE	SKULPTUR
UTTRYKK	ENKEL
FIGUR	EMNE
ÆRLIG	SURREALISME
HUMØR	SYMBOL
INSPIRERT	

57 - Nutrition

```
F  K  P  R  O  T  E  I  N  E  R  M  F  B
N  O  A  K  V  A  L  I  T  E  T  O  O  I
I  C  R  R  B  O  G  D  F  B  X  C  C  T
M  O  E  D  B  A  G  N  I  R  Æ  J  G  T
A  Z  D  K  Ø  O  L  K  G  C  Z  D  B  E
T  B  Z  I  R  Y  H  A  T  Y  A  N  F  R
I  Z  B  Y  M  I  E  Y  N  D  I  E  T  T
V  E  K  T  B  V  H  L  D  S  U  A  S  R
S  P  I  S  E  L  I  G  S  R  E  B  K  E
S  Z  I  L  S  U  N  N  E  A  R  L  D
M  H  J  Z  L  Z  D  Q  H  G  I  T  T  D
A  J  L  R  E  K  S  Æ  V  X  U  F  E  Y
K  Y  F  S  H  K  A  L  O  R  I  E  R  R
A  P  P  E  T  I  T  T  H  M  M  M  S  K
```

BITTER	VÆSKER
APPETITT	VEKT
KALORIER	PROTEINER
SPISELIG	KVALITET
DIETT	SUNN
FORDØYELSE	HELSE
KRYDDER	SAUS
BALANSERT	SMAK
GJÆRING	GIFT
KARBOHYDRATER	VITAMIN

58 - Créativité

```
F  Ø  L  E  L  S  E  T  D  I  I  J  K  A
F  F  O  B  G  Z  L  E  S  N  N  T  U  U
U  A  Ø  V  S  G  A  H  B  T  T  R  N  T
U  T  N  L  S  U  F  G  U  U  E  E  S  E
J  Y  T  T  E  D  L  I  B  I  N  E  T  N
B  L  D  R  A  L  B  D  A  S  S  D  N  T
Q  F  F  D  Y  S  S  R  M  J  I  I  E  I
J  T  Q  Q  R  K  I  E  T  O  T  N  R  S
P  D  K  M  U  E  K  F  R  N  E  N  I  I
O  P  P  F  I  N  N  S  O  M  T  T  S  T
I  N  S  P  I  R  A  S  J  O  N  R  K  E
S  P  O  N  T  A  N  E  C  W  N  Y  S  T
K  L  A  R  H  E  T  B  A  T  M  K  K  D
V  I  S  J  O  N  E  R  M  S  G  K  I  W
```

KUNSTNERISK
AUTENTISITET
KLARHET
FERDIGHET
UTTRYKK
FØLELSER
FLYT
IDEER
BILDE

FANTASI
INNTRYKK
INSPIRASJON
INTENSITET
INTUISJON
OPPFINNSOM
FØLELSE
SPONTAN
VISJONER

59 - Science Fiction

```
P  B  V  N  N  N  A  R  B  G  C  M  R  A
O  M  Z  Z  V  I  G  O  L  O  N  K  E  T
M  Y  S  T  I  S  K  B  D  L  J  Q  A  K
S  G  E  R  X  P  K  O  G  E  O  B  B  S
E  C  Z  K  B  Z  I  T  L  I  B  N  N  I
W  K  E  X  S  B  N  E  D  R  E  V  I  T
Z  B  S  N  X  P  O  R  E  K  Ø  B  L  S
B  M  O  T  A  Q  L  E  K  D  W  S  L  I
H  J  V  E  R  R  S  O  I  P  O  T  U  R
G  X  X  N  U  E  I  C  S  I  E  G  S  U
N  U  I  A  O  S  M  O  L  J  H  P  J  T
J  M  K  L  O  R  A  K  E  L  O  C  O  U
E  Q  O  P  G  A  L  A  X  Y  I  N  N  F
R  E  A  L  I  S  T  I  S  K  A  J  N  Z
```

ATOM	VERDEN
KINO	MYSTISK
EKSPLOSJON	ORAKEL
EKSTREM	PLANET
BRANN	REALISTISK
FUTURISTISK	ROBOTER
GALAXY	SCENARIO
ILLUSJON	TEKNOLOGI
INNBILT	UTOPI
BØKER	

60 - Professions #1

```
K N A Q O P I P X A W T F A
A K S C M I I V R M R A N S
R R T A K O V D A B E T Z E
T E R E I K N A B A I R S P
O G O L O K Y S P S E G O M
G G N Q R B D E M S L L U G
R E O A L Q R P M A P L J X
A L M E I G C N D D E D L W
F R E G E J O B D Ø K V M Z
H Ø P I A N I S T R Y Q F W
H R E N E R T M R E S N A D
L E G E B R A N N M A N N J
M U S I K E R O G E O L O G
R E D A K T Ø R E K S R O F
```

AMBASSADØR	GEOLOG
ASTRONOM	SYKEPLEIER
ADVOKAT	LEGE
BANKIER	MUSIKER
GULLSMED	PIANIST
KARTOGRAF	RØRLEGGER
JEGER	BRANNMANN
DANSER	PSYKOLOG
TRENER	FORSKER
REDAKTØR	

61 - Géologie

```
C S T A L A K T I T T K P M
S A L T I Y D C K O R A L L
A G A X B T T A J I G V W U
D M U X L E R O S J O N I L
K J O Q U A Z S T E I N Z C
P P T Q B X G D T L A V A R
T L G E Y S I R L R W V E Y
P N A K L U V M I C A L H S
A T E T L E M S S B V V N T
H U L E Å M U I S L A K K A
S C D R S K D C O O Q V C L
O B V Y I U I U F X X H D L
N X U S K O N T I N E N T P
E M I N E R A L E R K R F Q
```

SYRE
KALSIUM
HULE
KONTINENT
KORALL
LAG
CRYSTAL
EROSJON
SMELTET
FOSSILT

GEYSIR
LAVA
MINERALER
STEIN
PLATÅ
KVARTS
SALT
STALAKTITT
VULKAN
SONE

62 - Cirque

```
T  R  T  K  O  S  T  Y  M  E  T  Q  X  S
N  H  T  R  Y  D  L  Ø  V  E  E  Q  F  P
I  R  E  G  I  T  R  B  B  Q  L  P  T  E
Q  T  D  U  Z  K  V  L  O  H  T  L  S  K
M  U  S  I  K  K  S  C  H  M  A  G  I  T
U  N  D  E  R  H  O  L  D  E  T  I  S  A
M  Y  S  O  N  R  M  A  G  I  K  E  R  K
J  U  D  K  N  U  Ø  J  D  Y  E  V  O  U
P  A  R  A  D  E  E  L  E  F  A  N  T  L
B  I  L  L  E  T  T  K  G  C  N  K  B  Æ
T  I  L  S  K  U  E  R  I  N  V  A  X  R
Y  I  R  U  X  A  Y  T  A  B  O  R  K  A
N  D  W  Q  G  P  Q  M  L  U  L  J  K  N
W  B  S  G  Q  E  V  B  G  G  K  S  S  R
```

AKROBAT	MAGIKER
DYR	MAGI
TRIKS	MUSIKK
BILLETT	PARADE
KLOVN	APE
KOSTYME	SPEKTAKULÆR
UNDERHOLDE	TILSKUER
ELEFANT	TELT
SJONGLØR	TIGER
LØVE	

63 - Jardin

```
U B F R U K T H A G E S T B
G M L K Y K Z J G J R P E E
W F E O J G Q T O N T L R N
G E S M M A D A S R R E R K
B H J W R S F H L A D N A H
T F E R A L T B U S K D S U
H X S W K Z R U H K Y G S G
G A N T E G N A L S K N E J
A R G T R A M P O L I N E E
R S S E R G U S Y Q N N C R
A W Y D H E N G E K Ø Y E D
S M P A V I N T R E E T S E
J O B P J L L O Q R L U K L
E A X S S E R G W U I V T S
```

TRE	UGRESS
BENK	SPADE
BUSK	PLEN
GJERDE	RAKE
DAM	JORD
BLOMST	TERRASSE
GARASJE	TRAMPOLINE
HENGEKØYE	SLANGE
GRESS	FRUKTHAGE
HAGE	VINTREET

64 - Santé et Bien Être #1

```
C V A N E R W M B J M M J N
R V B N I E B V X S U T F J
U G U A S S D L Z K S C V P
S U L T K V I T K A K P C F
A V S C E T Q D A D L H U D
J I H T L X E U E E E F N E
Q R F N F O S R K M R F T D
Y U W N E D C M I L E G E A
E S Y W R P D B J E J V P P
H O L D N I N G V D I L H O
K L I N I K K H Ø Y D E X T
T E R A P I A Y G M U U P E
H O R M O N E R X R U C R K
L D H O G N I L D N A H E B
```

AKTIV
BAKTERIE
SKADE
KLINIKK
SULT
BRUDD
VANE
HØYDE
HORMONER
LEGE

MEDISIN
MUSKLER
BEIN
HUD
APOTEK
HOLDNING
REFLEKS
TERAPI
BEHANDLING
VIRUS

65 - Barbecues

```
T Q J S N U L L I P S M J L
N Z E Y A T P E P P E R Z A
K Ø L E I L I M A F D O H T
K Y C L J U A M M N U B A C
I N R J V S V T R N I A A X
S A I S A U S K E U G R K K
U X P V R C O U K R R N Y K
M U W D E I X R A P I Y L M
V P Y V T R D F S J L G L I
I A U I A C D V N F L J I D
A R R Y M W F B N O E K N D
X Z G M O T E S Ø G E X G A
P T W Q T N V L R S A L T G
S O M M E R C D G X A Z L J
```

VARMT	SPILL
KNIVER	GRØNNSAKER
LUNSJ	MUSIKK
MIDDAG	LØK
BARN	PEPPER
SOMMER	KYLLING
SULT	SALATER
FAMILIE	SAUS
FRUKT	SALT
GRILLE	TOMATER

66 - Animaux de Compagnie

```
H  W  R  M  R  T  G  M  K  C  H  O  C  P
E  A  H  Y  T  P  E  L  G  Ø  A  G  Y  A
C  I  M  D  L  R  I  R  S  G  L  Z  Z  P
O  V  B  S  U  M  T  E  O  F  E  U  K  E
E  G  N  U  T  T  A  K  N  K  S  I  F  G
Q  J  P  R  A  E  Y  E  G  A  R  K  V  Ø
M  A  T  Ø  R  B  R  L  D  N  Å  B  A  Y
S  K  I  L  P  A  D  D  E  I  K  I  N  E
O  N  U  K  I  S  S  N  M  N  S  A  N  A
K  S  A  O  A  V  P  N  U  K  K  K  T  K
V  A  L  P  D  Q  K  K  Z  H  D  A  Z  T
V  E  T  E  R  I  N  Æ  R  I  B  V  U  J
R  B  F  E  F  F  I  Z  V  F  O  D  N  V
U  I  O  H  N  F  F  L  Y  M  O  V  K  D
```

KATT	KANIN
KATTUNGE	ØGLE
GEIT	MAT
HUND	PAPEGØYE
VALP	FISK
KRAGE	HALE
VANN	MUS
KLØR	SKILPADDE
HAMSTER	KU
BÅND	VETERINÆR

67 - Forêt Tropicale

```
P  Y  U  G  G  R  E  S  P  E  K  T  L  T
A  B  U  X  N  Y  Z  F  M  O  S  E  X  I
T  H  F  R  I  T  F  Q  U  F  Y  R  K  L
T  B  O  V  R  D  L  O  F  G  N  A  M  F
E  O  L  K  E  S  G  Z  V  T  L  R  L  L
D  T  E  L  R  A  A  M  I  L  K  E  M  U
Y  A  G  O  U  M  G  M  F  Q  M  T  R  K
R  N  N  F  A  F  N  F  F  Y  S  K  S  T
Q  I  U  R  T  I  I  Z  M  U  D  E  P  G
N  S  J  U  S  B  R  D  T  X  N  S  H  K
D  K  V  N  E  I  A  M  R  G  T  N  C  U
A  H  L  N  R  E  V  H  A  E  R  I  E  S
I  L  C  K  F  R  E  Y  K  S  V  Q  J  T
Q  S  O  X  P  P  B  N  A  T  U  R  T  B
```

AMFIBIER
BOTANISK
KLIMA
SAMFUNNET
MANGFOLD
ART
URFOLK
INSEKTER
JUNGEL
PATTEDYR

MOSE
NATUR
SKYER
FUGLER
VERDIFULL
BEVARING
TILFLUKT
RESPEKT
RESTAURERING

68 - Ferme #1

```
K R S W R T U V X J V R J Y
A I E W U H E S T T A K P
L S I B S A S K X C Y Y N S
V C V N F X F K Y O Z H P N
N C T J O U L O P L E S E I
D P K R Å K E L G L L Z J S
G F E G C I S F M I T I E G
H J K U R B D N A L L N D
O D E A S V Ø D V T E C H G
N R W R X F J J M Y F B S T
N P D V D L G E S H A I P G
I P O B N E N A E Ø F S S M
N O V I U I L P E Y V O K U
G I D E H Y B A G I G N S E
```

BIE
LANDBRUK
ESEL
BISON
FELT
KATT
HEST
GEIT
HUND
GJERDE

KRÅKE
VANN
GJØDSEL
HØY
HONNING
KYLLING
RIS
FLOKK
KU
KALV

69 - Antarctique

```
B H F K O J Y M I K M T O J
X E K U E I D I S B I P U W
U L V L G Y D L B E N N A V
L A M A C L L J R N E F A C
E D O V R S E Ø E O R X K E
W B B H V I P R E J A F O F
B V P E D D N K R S L O N H
Q U Ø Y E R T G M I E R T A
O A K N A W Q K J D R S I L
S R U T A R E P M E T K N V
M I G R A S J O N P J E E Ø
S T E I N E T E H S T R N Y
G E O G R A F I J K L Q T B
G I L E P A K S N E T I V R
```

BUKT
HVAL
FORSKER
BEVARING
KONTINENT
VANN
MILJØ
EKSPEDISJON
GEOGRAFI
IS

ISBREER
ØYER
MIGRASJON
MINERALER
FUGLER
HALVØY
STEINETE
VITENSKAPELIG
TEMPERATUR

70 - Professions #2

```
T  K  P  T  S  I  L  A  N  R  U  O  J  B
N  I  M  E  R  E  N  N  I  F  P  P  O  I
E  R  T  W  H  F  Q  G  O  L  O  I  B  B
M  U  E  H  I  A  F  R  E  L  A  M  R  L
U  R  E  K  S  R  O  F  G  N  V  Z  Ø  I
G  G  O  Y  T  G  S  A  E  L  I  S  T  O
M  A  P  Z  S  O  O  S  L  I  T  Ø  A  T
M  B  R  G  M  T  L  T  N  N  K  H  R  E
K  J  E  T  T  O  I  R  N  G  E  Z  T  K
P  Z  R  O  N  F  F  O  A  V  T  E  S  A
J  E  Æ  L  W  E  F  N  T  I  E  Z  U  R
Z  J  L  I  V  O  R  A  J  S  D  I  L  R
E  B  H  P  V  D  M  U  V  T  U  G  L  Y
Z  O  O  L  O  G  W  T  L  E  G  E  I  D
```

ASTRONAUT	OPPFINNER
BIBLIOTEKAR	GARTNER
BIOLOG	JOURNALIST
FORSKER	LINGVIST
KIRURG	LEGE
TANNLEGE	MALER
DETEKTIV	FILOSOF
LÆRER	FOTOGRAF
ILLUSTRATØR	PILOT
INGENIØR	ZOOLOG

71 - Les Abeilles

```
D B U N X C M T D P L W Ø R
M R I X R X S B G O C T K A
R D O K Y Ø R N I L O S O Z
E L B N U Z V Z T L F X S F
V O K S N B U I S E T G Y W
S F Q L A I E K N N C X S Z
M G H K B K N C U G R L T H
J N C W V C X G G T E M E A
Z A H O N N I N G C T R M G
K M B L O M S T R E N Y R E
P N B N G C A S M G A Y M J
P J S M R E T S M O L B M F
M A T K U R F O M Y P L F F
I N S E K T A T I B A H Q D
```

VINGER	HABITAT
GUNSTIG	INSEKT
VOKS	HAGE
MANGFOLD	HONNING
SVERM	MAT
ØKOSYSTEM	PLANTER
BLOMSTRE	POLLEN
BLOMSTER	DRONNING
FRUKT	BIKUBE
RØYK	SOL

72 - Santé et Bien Être #2

```
H N U E X H I R O L A K B S
Y K G E H I A L N D P I L T
G N I R Æ N R E X E P A O R
I O M Q D F Q S E H E A D E
E S U N N E W M A Y T N D S
N Y J L T K E V L D I A I S
E V E H X S K S L R T T E O
S W P T D J T W E E T O T O
I U C P P O R K R R C M T E
A V H F G N L M G I Q I G L
G E N E T I K K I N F V U X
K B S Y K D O M R G E W W T
F J R X O Y M A S S A S J E
L U U S I R S E N E R G I Z
```

ALLERGI   HYGIENE
ANATOMI   INFEKSJON
APPETITT   SYKDOM
KALORI   MASSASJE
KROPP   ERNÆRING
DEHYDRERING   VEKT
DIETT   SUNN
ENERGI   BLOD
GENETIKK   STRESS
SYKEHUS

73 - Conduite

```
F  F  H  F  G  I  A  F  L  J  N  A  D  S
A  O  I  D  X  N  S  L  I  M  O  T  O  R
R  T  R  A  K  W  U  I  S  I  E  V  N  K
E  G  R  N  F  L  I  B  E  T  S  A  L  H
M  J  E  O  M  H  Y  C  N  I  U  D  F  T
H  E  E  L  P  J  X  Z  S  L  L  C  L  T
P  N  V  Y  K  S  Y  J  L  O  Y  C  G  U
B  G  K  R  K  A  N  E  I  P  K  G  A  N
T  E  H  G  I  T  S  A  H  U  K  A  R  N
C  R  X  I  F  T  X  U  R  T  E  S  A  E
W  I  H  X  A  R  L  P  C  T  F  S  S  L
L  A  H  O  R  B  R  E  N  S  E  L  J  U
E  J  B  D  T  B  R  E  M  S  E  R  E  F
M  O  T  O  R  S  Y  K  K  E  L  A  Y  U
```

ULYKKE	MOTORSYKKEL
LASTEBIL	FOTGJENGER
BRENSEL	POLITI
KART	VEI
FARE	TRAFIKK
BREMSER	TRANSPORT
GARASJE	TUNNEL
GASS	HASTIGHET
LISENS	BIL
MOTOR	

74 - Plantes

```
V  S  U  B  M  A  B  R  U  O  B  A  E  Y
E  U  A  O  A  X  P  P  E  X  E  Y  F  S
G  T  N  T  C  U  Y  U  G  O  K  S  Ø  E
E  K  X  A  R  O  L  F  R  A  D  Y  Y  H
T  A  Q  N  K  Æ  O  Q  E  G  A  H  Q  Z
A  K  L  I  Z  E  B  P  S  Z  L  S  H  O
S  S  S  K  H  R  F  R  S  H  B  W  U  G
J  U  G  K  R  T  K  J  O  S  N  M  E  P
O  B  J  C  Y  E  S  O  M  T  O  O  T  Q
N  D  Ø  W  W  S  V  M  A  S  R  H  R  N
S  Z  D  A  H  K  F  V  Y  M  K  U  E  K
C  C  S  U  P  O  S  Q  Ø  O  U  R  W  B
T  M  E  B  R  V  L  Z  H  L  C  B  Z  U
F  V  L  B  Ø  N  N  E  R  B  T  T  G  J
```

TRE	SKOG
BÆR	VOKSE
BAMBUS	BØNNE
BOTANIKK	GRESS
BUSK	HAGE
KAKTUS	EFØY
GJØDSEL	MOSE
LØVVERK	KRONBLAD
BLOMST	ROT
FLORA	VEGETASJON

75 - Ferme #2

```
X Z G S B P J V F B E T D K
L P E D N O B A R Z U A C V
A M N T F L O N U I S K M J
M E G K E R D N K K L A J V
A L B U Q V U I T M Å S K I
F K I R L R H N H D V N L V
R I K F H J A G A X E N O J
J R U A S V G M G H U Ø N I
U C B M Y O X K E H Y R D E
C J E J A M J I G Y G G Y B
B W H M W T L T H J S Y M D
W U B N W S A N C H B M J N
R S T E A E M F K O R N X A
T R A K T O R L G L D G Y E
```

LAM	LAMA
BONDE	GRØNNSAK
DYR	KORN
HYRDE	SAU
HVETE	MAT
AND	BYGG
FRUKT	ENG
LÅVE	BIKUBE
VANNING	TRAKTOR
MELK	FRUKTHAGE

76 - Vacances #2

```
H X X R Z M X U T R F G T U
F O C D H X K I A E R T R T
L D T X I T R T X I I U A L
Y E L E K A R T I S T E N E
P S E I L X E O I E I U S N
L T T R L L Y L N R D D P D
A I G E O R Ø W F F J F O I
S N Q F K O Y T K D D G R N
S A V R V C A M P I N G T G
E S N M A I C E N O A W O E
N J C I H V S T F F R V K T
N O P A S S L U G B T Z S H
L N H X I E I L M L S P H N
R E S E R V A S J O N E R M
```

FLYPLASSEN	STRAND
CAMPING	RESERVASJONER
KART	TAXI
DESTINASJON	TELT
UTLENDING	TOG
HOTELL	TRANSPORT
ØY	FERIE
FRITID	VISUM
HAV	REISE
PASS	

77 - Temps

```
V  Z  R  E  T  T  E  F  I  X  P  S  X  M
Q  E  Å  Å  Q  Z  M  R  N  P  W  N  Å  I
G  V  I  N  G  K  I  E  V  Q  Q  A  R  D
N  A  T  T  Å  I  T  M  U  H  M  R  H  D
E  S  T  L  L  Q  V  T  K  Z  S  T  U  A
G  N  U  E  G  L  C  I  E  H  F  M  N  G
R  J  N  K  S  M  S  D  E  N  Å  M  D  S
O  G  I  K  A  L  G  M  N  C  I  X  R  T
M  L  M  O  I  L  K  H  B  K  F  G  E  I
Å  R  F  L  P  D  E  K  V  F  Z  M  Q  D
H  P  T  K  Y  G  I  N  G  Ø  D  Q  P  R
Q  X  C  C  G  O  C  M  D  R  R  P  Z  Z
E  X  V  B  R  A  C  G  H  E  P  S  Y  K
D  A  G  I  L  R  Å  I  M  D  R  D  O  D
```

ÅR	KLOKKE
ÅRLIG	DAG
ETTER	NÅ
FØR	MORGEN
SNART	MIDDAGSTID
KALENDER	MINUTT
TIÅR	MÅNED
FREMTID	NATT
TIME	UKE
I GÅR	ÅRHUNDRE

78 - Maison

```
R E L K Ø N G O L K U A G N
Ø G M O R R J A M P D Y Z S
D A B T F T X P R A R P J V
L H N I N T S O K A T K X V
S F N G B H X Z G S S Q A I
F V Z E K L F P R P I J N N
V E G G J F I O O E E S E D
Z P P A E P Y O V I P U K U
N P Q X L I B K T L P D K D
E E B Z L T N K L E B C Ø Q
U T Y D E L A M P E K T J V
Y V U L R G J E R D E P K W
C S K F M G A R D I N E R D
T D U N S Q G A Z G N C B T
```

KOST	LOFT
BIBLIOTEK	HAGE
ROM	LAMPE
PEIS	SPEIL
NØKLER	VEGG
GJERDE	DØR
KJØKKEN	GARDINER
DUSJ	KJELLER
VINDU	TEPPE
GARASJE	TAK

79 - Légumes

```
Y F C T F C G A V V B D H R
A T N F N Y R U S O R O N E
A O N E B K E B D S O K N D
R R H S P B S E Z J K C Q D
P L T T T E S R E A K D O I
P U R I U C K G A L O L L K
I G E T S F A I G O L H I Ø
H S R O J J R N U T I K V L
S P I N A T O E R T A Ø E M
S E L L E R I K K L L L N L
P E R S I L L E K Ø V T A Z
P T O M A T M M S K X I L S
O I B D E C F O H C F V A G
S Z I U I N G E F Æ R H D W
```

HVITLØK	SPINAT
ARTISJOKK	INGEFÆR
AUBERGINE	NEPE
BROKKOLI	LØK
GULROT	OLIVEN
SELLERI	PERSILLE
SOPP	ERT
GRESSKAR	REDDIK
AGURK	SALAT
SJALOTTLØK	TOMAT

80 - Famille

```
M  Y  Q  R  R  O  R  B  N  Z  S  B  A  I
B  O  L  R  A  W  W  R  Y  I  W  U  C  P
A  I  R  A  F  E  T  S  E  B  E  W  H  K
R  H  E  S  E  N  A  C  P  U  G  S  E  G
N  O  T  F  K  O  S  L  T  C  K  F  E  V
D  J  S  A  T  K  B  E  S  T  E  M  O  R
O  N  Ø  D  E  B  Y  K  B  I  T  R  Z  A
M  M  S  E  M  D  J  N  M  Y  N  A  I  F
R  O  B  R  A  A  N  O  Z  K  A  H  U  M
B  R  N  L  N  T  E  G  O  E  T  X  L  A
Z  A  E  I  N  T  V  U  G  X  V  U  G  T
S  H  R  G  Z  E  Ø  H  V  J  Z  K  T  S
R  K  Z  N  G  R  E  T  T  E  F  K  W  A
B  A  R  N  E  B  A  R  N  L  A  U  P  E
```

STAMFAR	MORS
FETTER	MOR
BARNDOM	NEVØ
BARN	NIESE
KONE	ONKEL
DATTER	FADERLIG
BROR	BARNEBARN
BESTEMOR	FAR
BESTEFAR	SØSTER
EKTEMANN	TANTE

81 - Oiseaux

```
C G S T F U U S U D J L E C
K K F I L C K T L V Z O K T
Ø V W P A R K R O T S P H L
N R M W M H Ø U K K D I T J
F U N V I B J T I F F N L J
T P Q Z N S G S N U R G G E
H S W G G M V A D N H V U K
T N G M O C Q A N G P I F Å
P A P E G Ø Y E N D C N Å M
J K W U W G Å S V E K A P K
R I H D H H J I A R N C R P
X L H H T X X J R G W U K J
S E K Y L L I N G E I O L O
E P X G C V C D P H Q T W P
```

ØRN
STRUTS
AND
STORK
DUE
RAVN
GJØK
SVANEN
FLAMINGO
HEGRE

PINGVIN
SPURV
MÅKE
EGG
GÅS
PÅFUGL
PAPEGØYE
PELIKAN
KYLLING
TOUCAN

82 - Disciplines Scientifiques

```
B Y M K J E M I J P X L M E
I M O T A N A W T S T A Q M
O Z O O L O G I X Y E L Y N
K M E K A N I K K A U P G
J K K I M A N Y D O M R E T
E L T G S U X S U L Ø S G N
M N U O H O Z F S O K B E E
I G O L O I S O S G O O O V
E L U O X T H F S I L T L R
L Y T I O X R N D K O A O O
Q G B B B P Q N B C G N G L
F Y S I O L O G I D I I I O
L I N G V I S T I K K K O G
M E T E O R O L O G I K M I
```

ANATOMI   MEKANIKK
BIOKJEMI   METEOROLOGI
BIOLOGI   NEVROLOGI
BOTANIKK   FYSIOLOGI
KJEMI   PSYKOLOGI
ØKOLOGI   SOSIOLOGI
GEOLOGI   TERMODYNAMIKK
LINGVISTIKK   ZOOLOGI

83 - Univers

```
I O Q N Z G D B M X S I B A
S K O S M I S K Ø R O B R S
R O T A V K E I R J L A E T
N T L K Q A Y O K T V N D R
S N H A T N E A E E E E D O
M O N O R T S A N L R D E N
H S G A L A X Y Å E V I G O
G I L N Y S A N M S P O R M
O R M X A X V B J K X R A I
D O K M C P F X H O O E D U
M H P D E J P L Z P G T Z T
K N B P X L K V Z W T S S Z
L E N G D E G R A D I A F I
H A L V K U L E P Z S N Z S
```

ASTEROIDE   BREDDEGRAD
ASTRONOM   LENGDEGRAD
ASTRONOMI   MÅNE
HIMMEL   MØRKE
KOSMISK   BANE
EKVATOR   SOLAR
GALAXY   SOLVERV
HALVKULE   TELESKOP
HORISONT   SYNLIG

84 - Géographie

```
R  E  G  I  O  N  E  Ø  Q  Z  I  V  B  J
K  I  Q  A  M  R  L  Y  B  E  P  E  W  J
K  T  Y  R  T  L  V  B  S  Ø  R  R  E  F
T  E  R  R  I  T  O  R  I  U  M  D  F  K
M  L  E  N  G  D  E  G  R  A  D  E  X  N
K  E  H  F  J  E  L  L  C  U  I  N  Z  H
A  B  R  Ø  Z  T  Q  I  W  A  T  J  C  A
R  A  G  I  Y  T  N  E  N  I  T  N  O  K
T  O  J  C  D  D  G  N  J  B  C  L  C  L
L  A  N  D  R  I  E  L  U  K  V  L  A  H
E  O  D  K  O  O  A  I  J  F  C  I  D  S
E  D  N  X  Z  Z  N  T  O  B  Q  L  E
B  R  E  D  D  E  G  R  A  D  E  X  C  L
Z  X  W  H  B  H  A  V  E  V  E  S  T  A
```

HØYDE	MERIDIAN
ATLAS	VERDEN
KART	FJELL
KONTINENT	NORD
ELV	VEST
HALVKULE	LAND
ØY	REGION
BREDDEGRAD	SØR
LENGDEGRAD	TERRITORIUM
HAV	BY

85 - Danse

```
V  I  S  U  E  L  L  W  S  H  T  M  B  X
H  O  L  D  N  I  N  G  A  O  R  U  E  U
U  Ø  K  U  S  A  W  I  M  P  A  S  V  W
A  T  V  U  I  I  Y  L  B  P  D  I  E  W
K  H  T  I  N  W  K  E  O  E  I  K  G  H
A  X  Z  R  N  S  G  D  E  M  S  K  E  G
D  E  W  U  Y  G  T  E  R  T  J  B  L  Q
E  G  A  T  M  K  Z  L  D  Y  O  Z  S  F
M  J  F  L  J  D  K  G  H  R  N  R  E  N
I  F  K  U  I  C  Y  S  I  N  E  D  Å  N
J  U  K  K  C  D  I  X  F  E  L  L  I  W
F  Ø  L  E  L  S  E  E  X  U  L  N  S  O
K  U  L  T  U  R  E  L  L  A  L  R  V  S
K  R  O  P  P  K  S  I  S  S  A  L  K  K
```

AKADEMI	BEVEGELSE
KUNST	MUSIKK
KLASSISK	SAMBOER
KROPP	HOLDNING
KULTUR	ØVING
KULTURELL	RYTME
UTTRYKKSFULL	HOPPE
FØLELSE	TRADISJONELL
NÅDE	VISUELL
GLEDELIG	

86 - Bâtiments

```
O L E I L I G H E T A H U L
L B P M N T L A K S M O N A
V F S S K O L E W C B T I B
I A U E J S A R A G A E V O
Q B H N R Å T L E T S L E R
T R E Z E V S X R A S L R A
T I K V T S A T K V A P S T
O K Y G A Y Q T A P D I I O
L K S S E D Q M O D E Z T R
S Å E T T Y H U F R I T E I
Y O V C N T U S J Y I O T U
I B V E J Q X E E B D U N M
K I N O T H X U O H A Q M S
C M D E K R A M R E P U S X
```

AMBASSADE	LABORATORIUM
LEILIGHET	MUSEUM
HYTTE	OBSERVATORIUM
SLOTT	STADION
KINO	SUPERMARKED
SKOLE	TELT
GARASJE	TEATER
LÅVE	TÅRN
SYKEHUS	UNIVERSITET
HOTELL	FABRIKK

87 - Activités et Loisirs

```
A  T  H  A  G  E  A  R  B  E  I  D  J  L
G  E  D  N  E  P  P  A  L  S  V  A  V  C
F  N  V  T  I  S  U  R  F  I  N  G  C  I
D  N  K  O  L  L  A  B  T  E  K  S  A  B
W  I  Q  U  L  N  S  W  L  R  U  Y  M  L
F  S  O  H  N  L  F  H  J  F  H  F  P  W
O  D  A  R  Q  S  E  M  O  M  J  R  I  G
T  Y  U  F  W  L  T  Y  E  P  Y  S  N  O
B  K  G  N  I  S  K  O  B  K  P  H  G  L
A  K  Y  L  L  A  B  E  S  A  B  I  F  F
L  I  R  E  L  A  M  K  M  G  L  N  N  B
L  N  X  V  U  I  H  S  C  R  W  L  K  G
Z  G  F  M  S  G  N  I  M  M  Ø  V  S  L
R  E  R  U  T  T  O  F  C  Y  C  V  R  F
```

SHOPPING	MALERI
KUNST	FISKE
BASEBALL	DYKKING
BASKETBALL	FOTTURER
BOKSING	AVSLAPPENDE
CAMPING	SURFING
FOTBALL	TENNIS
GOLF	VOLLEYBALL
HAGEARBEID	REISE
SVØMMING	

88 - Livres

```
T  R  A  G  I  S  K  H  V  Q  S  U  W  W
N  J  F  M  R  F  O  I  T  G  E  D  I  S
A  K  T  U  E  L  L  S  J  A  R  I  R  Z
M  S  D  B  V  X  O  T  E  D  I  J  J  R
O  I  S  E  O  P  H  O  I  N  E  Q  Q  U
R  P  H  X  X  N  Y  R  E  S  E  L  F  D
E  E  O  G  J  M  S  I  P  T  G  I  R  Q
T  V  J  K  S  I  T  S  I  R  O  M  U  H
T  E  E  X  C  T  S  K  E  T  N  O  K  V
A  S  R  N  O  P  P  F  I  N  N  S  O  M
F  V  A  I  T  E  T  I  L  A  U  D  Y  M
R  C  Y  C  K  Y  L  I  T  T  E  R  Æ  R
O  B  P  T  I  E  R  S  A  M  L  I  N  G
F  K  T  Z  D  I  H  I  S  T  O  R  I  E
```

FORFATTER	LESER
EVENTYR	LITTERÆR
SAMLING	SIDE
KONTEKST	AKTUELL
DUALITET	DIKT
EPISK	POESI
HISTORIE	ROMAN
HISTORISK	SERIE
HUMORISTISK	TRAGISK
OPPFINNSOM	

89 - Pays #2

```
P X U R L T G U D A U X U F
E A K L L Z B N A D U S K Y
K K K I D S U V N I G A R D
I C A I N Y P U M Z A A A S
R N Y N S A D T A P N I I O
K H D I A T N N R S D R N M
N A U O Y B A O K P A Y A A
A I J U N T L N L A O S D L
R T A N E E S A J A P A N I
F I F J K A S B O H P R A A
M E X I C O U I P F P B L J
O X N T F R R L A C Y T R E
J A M A I C A A L B A N I A
S P J T K N E J W K T B Z H
```

ALBANIA	LAOS
KINA	LIBANON
DANMARK	MEXICO
FRANKRIKE	UGANDA
HAITI	PAKISTAN
INDONESIA	RUSSLAND
IRLAND	SOMALIA
JAMAICA	SUDAN
JAPAN	SYRIA
KENYA	UKRAINA

90 - Fournitures d'Art

```
A  R  E  M  A  K  K  E  L  B  G  T  A  B
L  K  P  F  R  B  L  Y  A  N  T  E  R  V
E  W  V  T  E  T  I  V  I  T  A  E  R  K
I  O  S  A  G  M  A  L  I  N  G  J  V  B
R  Y  D  T  R  K  L  A  D  S  O  L  I  Ø
E  K  T  J  A  E  S  M  Y  Y  B  O  S  R
I  I  U  E  F  F  L  I  D  E  E  R  K  S
R  O  E  L  G  G  F  L  D  M  S  B  E  T
H  V  G  B  L  F  X  E  E  O  T  O  L  E
A  K  R  Y  L  P  P  C  L  R  O  R  Æ  R
X  T  Z  V  V  A  N  N  J  I  L  D  R  U
Y  F  L  K  A  R  S  R  Q  P  S  I  V  R
J  M  G  A  J  V  Q  I  Q  A  T  E  K  C
D  S  U  K  V  A  B  W  N  P  J  J  R  C
```

AKRYL	BLYANTER
AKVARELLER	KREATIVITET
LEIRE	VANN
BØRSTER	BLEKK
KAMERA	VISKELÆR
STOL	OLJE
KULL	IDEER
STAFFELI	PAPIR
LIM	MALING
FARGER	BORD

91 - Eau

```
F G E Y S I R N K G M H F Z
U V Z S C W I T Q S R A R D
K X J I S I N N S J Ø V O H
T G J E N N O M V Å T L S F
I R E G L Ø B P W N E E T M
G E E R M J V I N Y H S V O
S W F G L F S K D S G T A N
V U G L N X P J L G I S N S
D U S J O O R K A N T N N U
L X H L N M C M N N K Ø I N
O V Q B N J G Q A I U S N D
D A M P Q X Q W K Y F M G Z
F O R D A M P N I N G H I E
Z M T H G D C X E V M O C Q
```

KANAL	VANNING
DUSJ	INNSJØ
FORDAMPNING	MONSUN
ELV	SNØ
FROST	HAV
GEYSIR	ORKAN
IS	REGN
FUKTIG	GJENNOMVÅT
FUKTIGHET	BØLGER
FLOM	DAMP

92 - Jazz

```
F  S  K  G  G  A  M  M  E  L  S  A  L  I
A  J  O  N  W  R  U  W  K  V  U  T  B  O
V  A  N  A  Y  C  A  Z  U  D  J  V  I  I
O  N  S  S  X  Q  S  O  S  G  P  O  P  L
R  G  E  T  O  T  A  L  E  N  T  M  G  K
I  E  R  S  T  R  E  N  T  S  N  U  K  O
T  R  T  E  Z  E  K  N  K  D  A  B  P  M
T  Y  F  A  S  M  K  E  Z  X  W  L  V  P
E  R  K  M  P  M  I  R  S  E  N  A  V  O
R  K  R  O  L  O  S  R  K  T  R  C  U  N
T  P  T  F  K  R  U  T  S  O  E  A  U  I
R  Y  T  M  E  T  M  Ø  R  E  B  R  Y  S
I  M  P  R  O  V  I  S  A  S  J  O  N  T
P  P  Q  W  U  L  G  T  E  K  N  I  K  K
```

ALBUM
KUNSTNER
BERØMT
SANG
KOMPONIST
KONSERT
FAVORITTER
SJANGER
IMPROVISASJON
MUSIKK

NY
ORKESTER
RYTME
SOLO
STIL
TALENT
TROMMER
TEKNIKK
GAMMEL

93 - Paysages

```
I  L  F  H  A  K  N  H  B  A  D  T  D  E
H  S  S  O  F  S  E  A  J  V  A  U  G  L
U  Å  F  Y  G  U  L  L  U  W  X  N  R  V
L  A  D  J  H  M  V  V  F  C  X  D  G  E
E  J  J  B  E  P  A  Ø  O  J  C  R  D  M
R  I  A  B  Q  L  H  Y  H  F  E  A  K  U
B  F  D  J  A  O  L  G  O  C  N  L  F  N
S  S  T  R  A  N  D  M  O  C  S  W  L  N
I  N  K  V  U  L  K  A  N  K  G  B  R  I
I  N  N  S  J  Ø  T  C  M  O  W  J  I  N
A  E  O  G  U  D  I  X  E  P  I  H  S  G
T  K  G  A  U  Y  E  I  R  E  G  Ø  Y  E
W  R  W  Z  S  I  L  L  J  T  Z  W  E  N
N  Ø  E  T  K  E  Z  G  M  H  Y  R  G  N
```

FOSS	INNSJØ
ÅS	SUMP
ØRKEN	HAV
ELVEMUNNINGEN	FJELL
ELV	OASE
GEYSIR	HALVØY
ISBRE	STRAND
HULE	TUNDRA
ISFJELL	DAL
ØY	VULKAN

94 - Pays #1

```
L  T  V  G  M  T  I  E  A  I  N  A  P  S
I  Y  E  T  D  A  U  N  F  M  H  Y  X  I
B  S  N  M  J  U  L  Q  G  T  A  E  W  H
Y  K  E  A  H  G  J  I  H  N  N  N  D  P
A  L  Z  R  S  A  M  F  A  F  I  E  A  M
R  A  U  O  Y  R  I  I  N  H  T  N  E  P
S  N  E  K  H  A  S  D  I  C  N  I  B  G
U  D  L  K  B  C  R  S  S  A  E  P  R  R
J  E  A  O  J  I  A  A  T  N  G  P  A  O
I  N  D  I  A  N  E  H  A  A  R  I  S  M
P  M  E  M  D  W  L  X  N  D  A  L  I  A
J  N  Q  L  N  O  R  G  E  A  X  I  L  N
R  T  D  R  O  D  A  U  C  E  Q  F  F  I
H  E  M  S  P  P  F  I  N  L  A  N  D  A
```

AFGHANISTAN	LIBYA
TYSKLAND	MALI
ARGENTINA	MAROKKO
BRASIL	NICARAGUA
CANADA	NORGE
SPANIA	PANAMA
ECUADOR	FILIPPINENE
FINLAND	POLEN
INDIA	ROMANIA
ISRAEL	VENEZUELA

95 - Nombres

```
E  M  J  S  E  Q  T  I  F  N  Å  T  T  E
D  S  W  E  L  E  R  X  U  Q  U  Q  G  D
S  W  K  K  Q  Z  E  N  F  I  R  E  V  L
X  Y  Z  S  C  K  C  Z  V  N  G  I  B  D
G  P  V  T  V  N  I  V  L  L  U  N  Z  G
P  U  Z  E  N  E  T  R  O  J  F  P  K  R
S  J  F  N  E  T  Q  K  T  T  B  I  V  G
E  Q  N  E  T  T  E  R  T  Q  B  H  O  R
K  T  L  A  M  I  S  E  D  C  D  O  B  Y
S  J  T  J  E  N  T  N  N  D  C  A  G  J
T  U  I  R  F  L  F  E  M  Y  D  T  H  V
V  E  S  Y  T  T  E  N  M  C  W  T  C  L
D  L  B  G  U  B  Q  F  K  I  S  E  W  K
G  P  Y  C  N  K  Z  C  M  R  V  N  X  X
```

FEM	FJORTEN
TO	FIRE
DESIMAL	FEMTEN
TI	SEKSTEN
ATTEN	SYV
NITTEN	SEKS
SYTTEN	TRETTEN
TOLV	TRE
ÅTTE	TJUE
NI	NULL

96 - Psychologie

```
E  L  A  T  V  A  B  D  R  Ø  M  M  E  R
P  R  E  E  D  I  V  A  T  E  R  A  P  I
Å  Z  F  V  H  G  N  I  R  E  D  R  U  V
V  Y  M  A  A  H  D  G  V  N  P  O  W  A
I  L  E  S  R  Ø  F  P  P  O  D  Y  G  I
R  K  L  T  K  I  L  F  N  O  K  O  U  Q
K  L  B  H  M  U  N  M  M  K  E  H  M  I
N  I  O  G  E  O  P  G  T  A  N  K  E  R
I  N  R  F  G  P  E  A  E  R  T  X  S  L
N  I  P  X  O  X  I  E  Y  R  F  U  L  M
G  S  Z  V  I  R  K  E  L  I  G  H  E  T
E  K  O  P  P  F  A  T  N  I  N  G  L  T
R  B  E  V  I  S  S  T  L  Ø  S  L  Ø  P
P  E  R  S  O  N  L  I  G  H  E  T  F  O
```

KLINISK	TANKER
OPPFØRSEL	OPPFATNING
KONFLIKT	PERSONLIGHET
EGO	PROBLEM
BARNDOM	AVTALE
ERFARINGER	VIRKELIGHET
VURDERING	DRØMMER
IDEER	FØLELSE
BEVISSTLØS	TERAPI
PÅVIRKNINGER	

97 - Nature

```
S  K  O  G  P  H  F  R  E  D  E  L  I  G
E  W  I  S  W  X  E  K  Å  T  O  Z  R  I
Y  Z  B  X  V  B  Y  L  S  K  Y  E  R  T
I  K  C  D  P  N  J  P  L  S  F  L  Y  K
I  K  F  V  C  V  M  I  R  I  P  M  D  I
S  K  J  Ø  N  N  H  E  T  M  G  V  C  V
K  U  E  U  O  E  I  U  Q  A  I  D  J  S
K  N  S  S  S  K  R  U  D  N  L  W  O  R
S  L  D  X  Q  R  E  O  Y  Y  O  I  J  M
I  E  B  L  D  Ø  I  I  S  D  R  H  Q  G
T  Z  V  J  V  U  B  S  E  J  T  F  K  E
K  S  I  P  O  R  T  B  Q  L  O  J  P  D
R  C  L  F  B  F  S  R  F  R  V  N  X  L
A  B  L  P  E  K  R  E  V  V  Ø  L  X  T
```

BIER	ELV
LY	SKOG
DYR	ISBRE
ARKTISK	SKYER
SKJØNNHET	FREDELIG
TÅKE	HELLIGDOM
ØRKEN	VILL
DYNAMISK	ROLIG
EROSJON	TROPISK
LØVVERK	VIKTIG

98 - Chimie

```
N Y H S F G N K I N O G U M
E Z Y P A A O A M U K I G E
X I D M S L R R R K S O G T
D T R Y A C T B O L Y N S A
T N O X H C K O T E G D Y L
J U G I A C E N A Æ E Q D L
B E E M U Z L M S R N Z M E
F V N M O L E K Y L O K Y R
A L K A L I S K L E W L I G
A E N Z Y M U N A F V E K T
A T S Y R E M J T D M M W G
H C O G A S S S A C Q R Q R
A O P M J T T W K F J A J U
G G M Y L P V Æ S K E V N B
```

SYRE	HYDROGEN
ALKALISK	ION
ATOM	VÆSKE
KARBON	METALLER
KATALYSATOR	MOLEKYL
VARME	NUKLEÆR
KLOR	OKSYGEN
ENZYM	VEKT
ELEKTRON	SALT
GASS	

99 - Bateaux

```
H  D  S  P  E  M  R  G  K  Y  Y  V  Z  K
Z  V  K  J  Y  W  A  O  K  F  K  A  L  G
E  M  K  X  Ø  J  S  N  N  I  T  H  Z  N
S  Q  A  G  B  M  R  A  N  I  U  A  Z  H
E  E  J  R  E  F  A  K  Y  S  M  V  T  M
I  T  A  E  I  N  Q  N  D  A  K  F  X  O
L  Å  K  K  G  T  B  W  N  T  S  A  M  T
B  L  X  N  E  T  I  T  A  U  I  O  P  O
Å  F  X  A  L  H  S  M  Y  B  T  V  L  R
T  A  U  M  V  C  S  G  N  K  U  S  L  E
T  I  D  E  V  A  N  N  N  B  A  R  A  G
S  I  X  X  B  Y  U  D  A  A  N  D  J  L
C  I  K  L  Z  Q  L  R  S  P  R  K  W  Ø
S  Z  D  H  R  W  D  U  C  W  P  F  W  B
```

ANKER	SJØMANN
BØYE	MARITIM
KANO	MAST
TAU	HAV
MANNSKAP	MOTOR
FERJE	NAUTISK
ELV	FLÅTE
KAJAKK	BØLGER
INNSJØ	SEILBÅT
TIDEVANN	YACHT

100 - Mesures

```
O U Z L V Z R X M B J D H A
L L L I I W M Q I Y B Y M S
N C V T V L F F N T K E V D
G K F E M M O T U E D Y Ø H
L R I R E T E M T S D Z A Z
E E A L X Y L A T S F B L U
N T S D O P U D L A Y U Y W
G E E Y D E N L A M I S E D
D M A R G B S B R E D D E L
E I A I G R E T E M O L I K
O T W U V O L U M Y P E A Q
T N N O T F O O P P C M A K
O E C Q F P G B G J W G M G
X C U R Z A Y Y R N P L S C
```

CENTIMETER	MASSE
GRAD	METER
DESIMAL	MINUTT
GRAM	BYTE
HØYDE	UNSE
KILO	VEKT
KILOMETER	TOMME
BREDDE	DYBDE
LITER	TONN
LENGDE	VOLUM

1 - Adjectifs #2

2 - Formes

3 - Force et Gravité

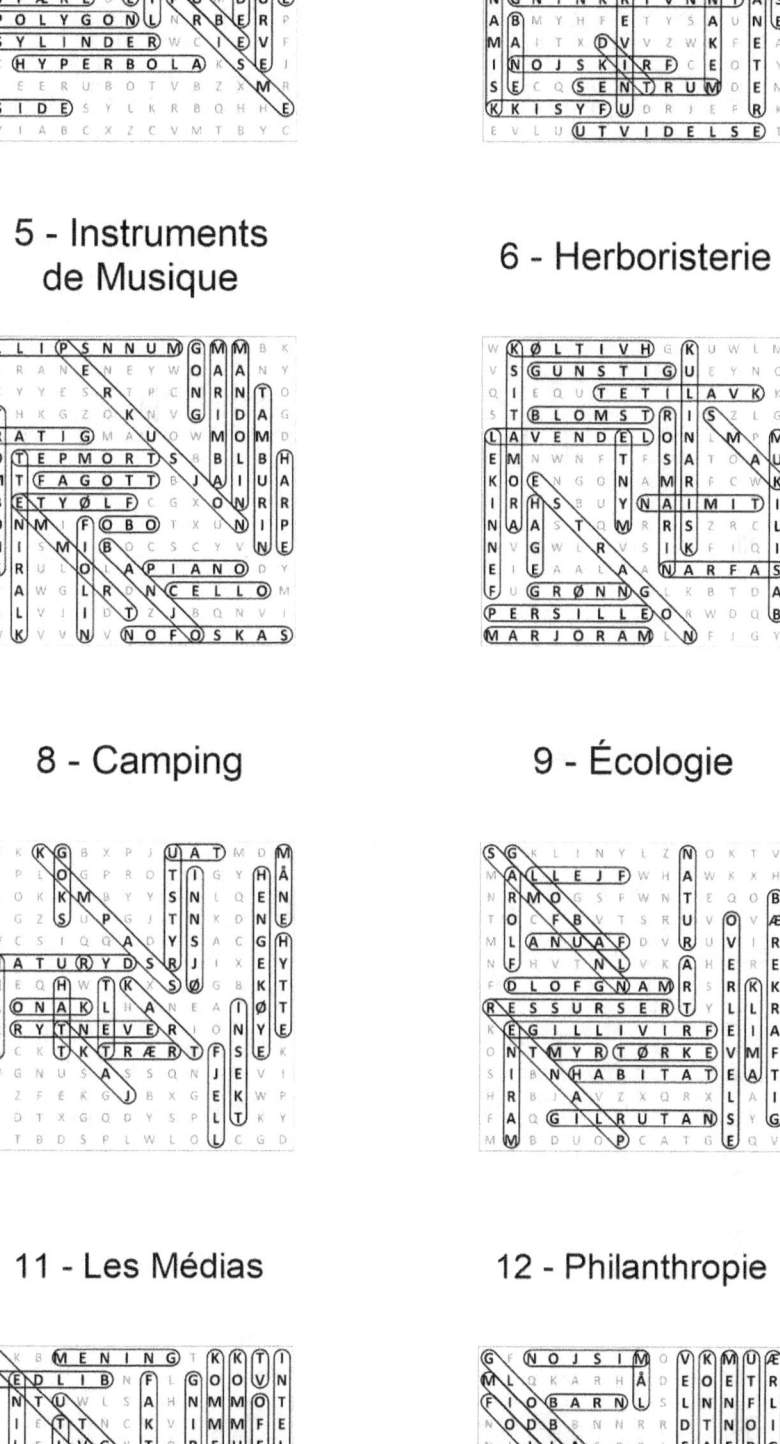

4 - Adjectifs #1

5 - Instruments de Musique

6 - Herboristerie

7 - Véhicules

8 - Camping

9 - Écologie

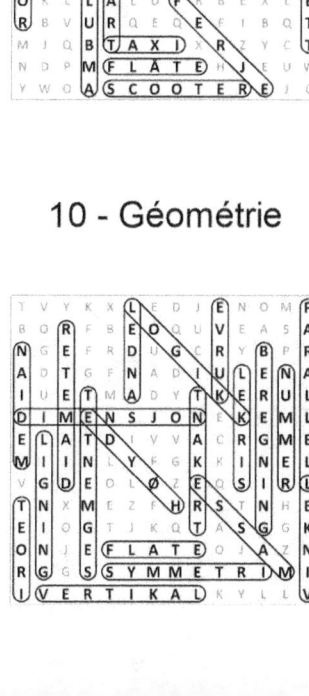
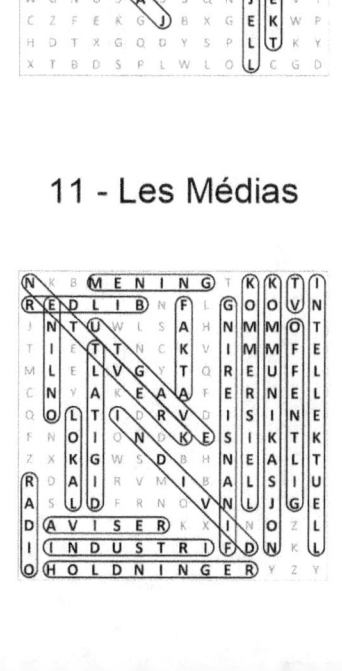
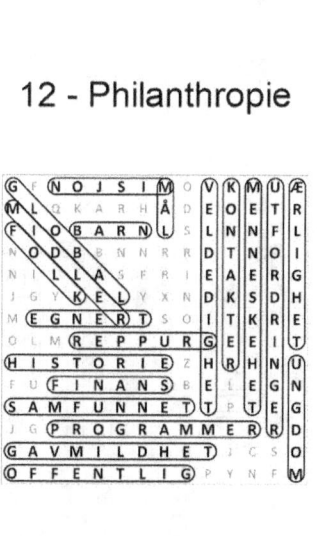

10 - Géométrie

11 - Les Médias

12 - Philanthropie

13 - Diplomatie

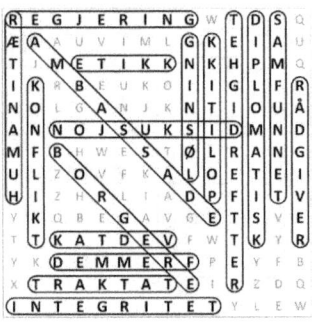

14 - Électricité

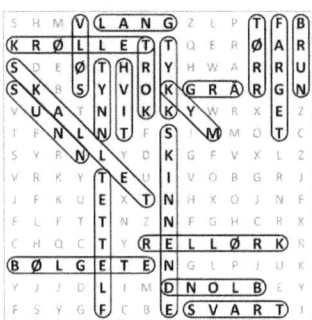

15 - Astronomie

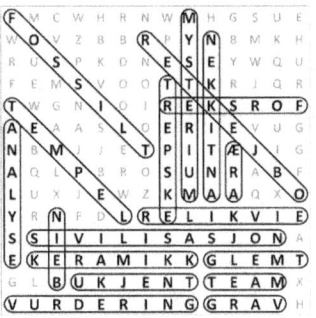

16 - Physique

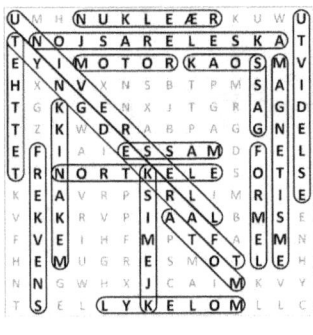

17 - Types de Cheveux

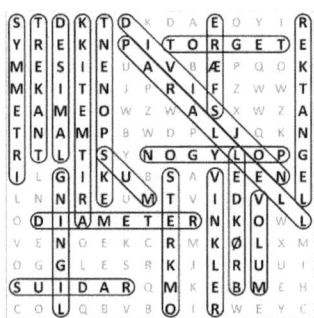

18 - Archéologie

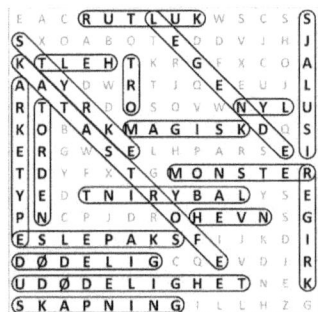

19 - Mammifères

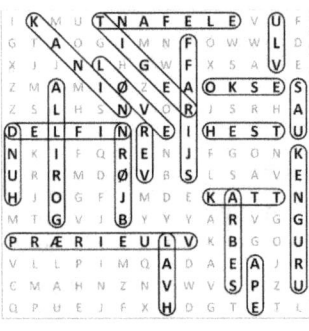

20 - Mathématiques

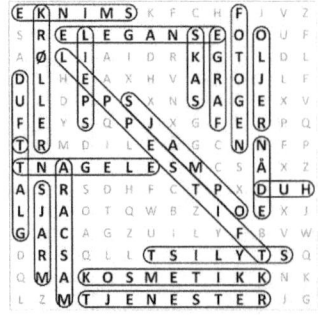

21 - Mythologie

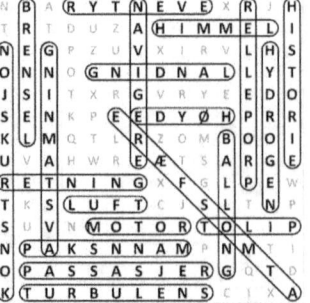

22 - Restaurant #2

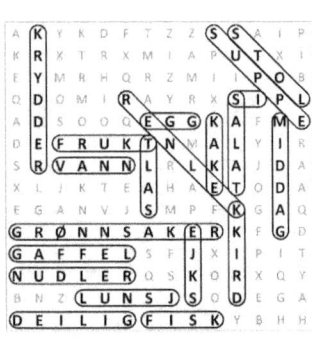

23 - Beauté

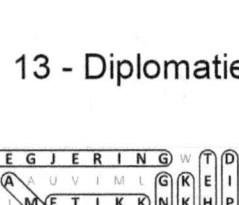

24 - Avions

25 - Aventure

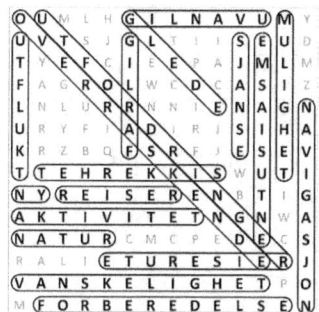

26 - Ville

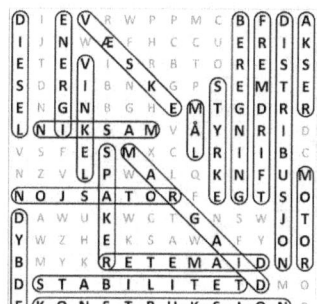

27 - Ingénierie

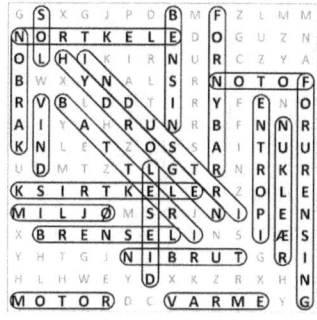

28 - Énergie

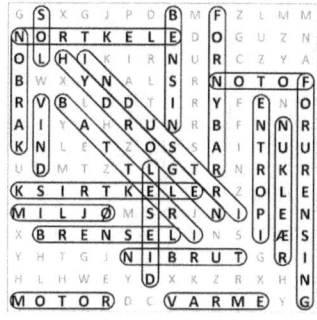

29 - Cuisine

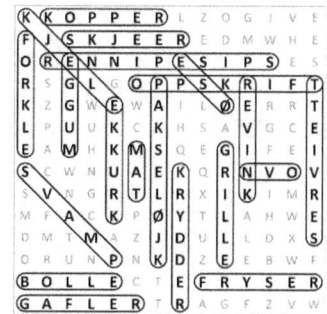

30 - Corps Humain

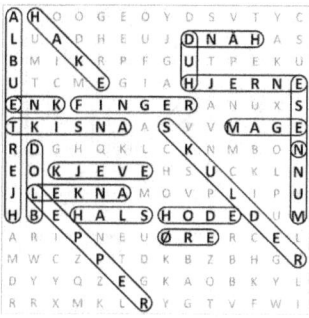

31 - Épices

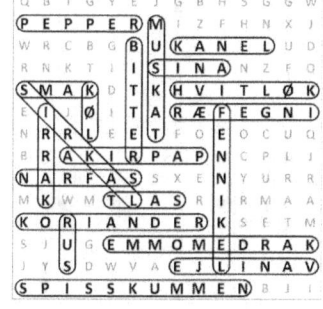

32 - Science

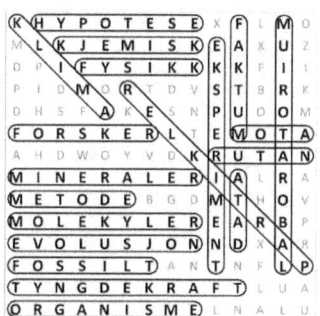

33 - Vêtements

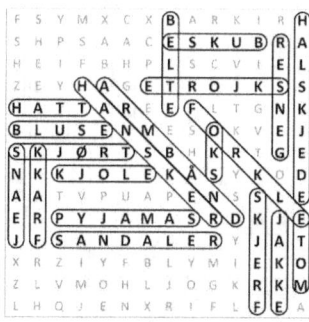

34 - Arts Visuels

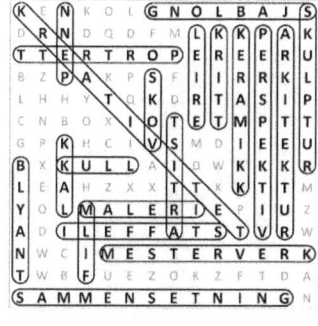

35 - Méditation

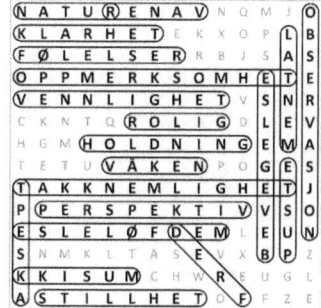

36 - Littérature

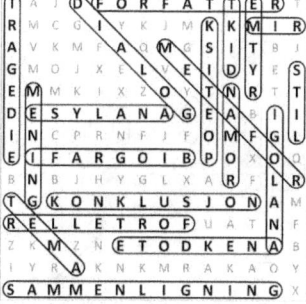

37 - Nourriture #1

38 - Jours et Mois

39 - Jardinage

40 - Entreprise

41 - Activités

42 - Mode

43 - Fleurs

44 - Nourriture #2

45 - Algèbre

46 - Océan

47 - Antiquités

48 - Ballet

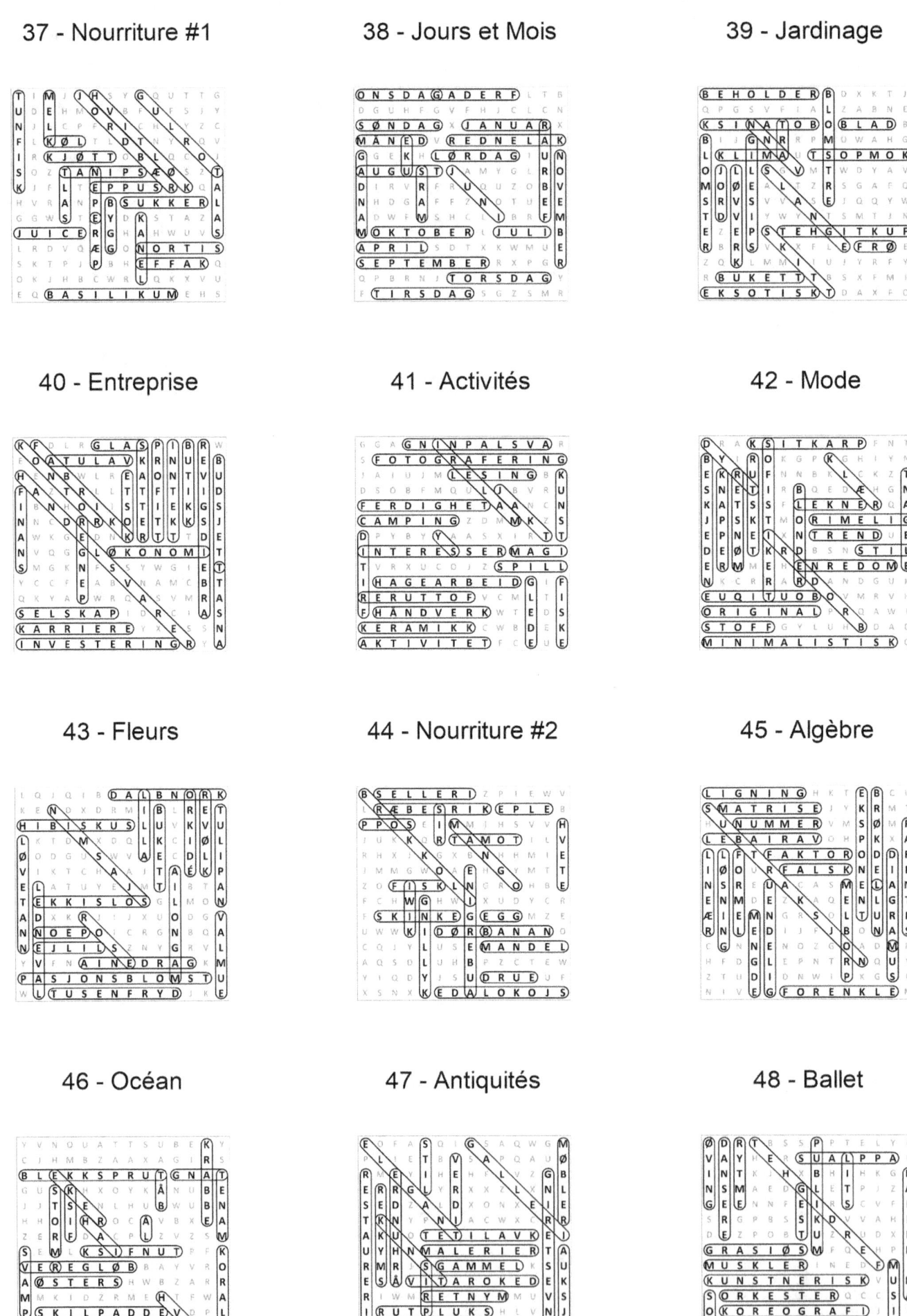

49 - Fruit

50 - Technologie

51 - Musique

52 - Météo

53 - L'Entreprise

54 - Gouvernement

55 - Randonnée

56 - Art

57 - Nutrition

58 - Créativité

59 - Science Fiction

60 - Professions #1

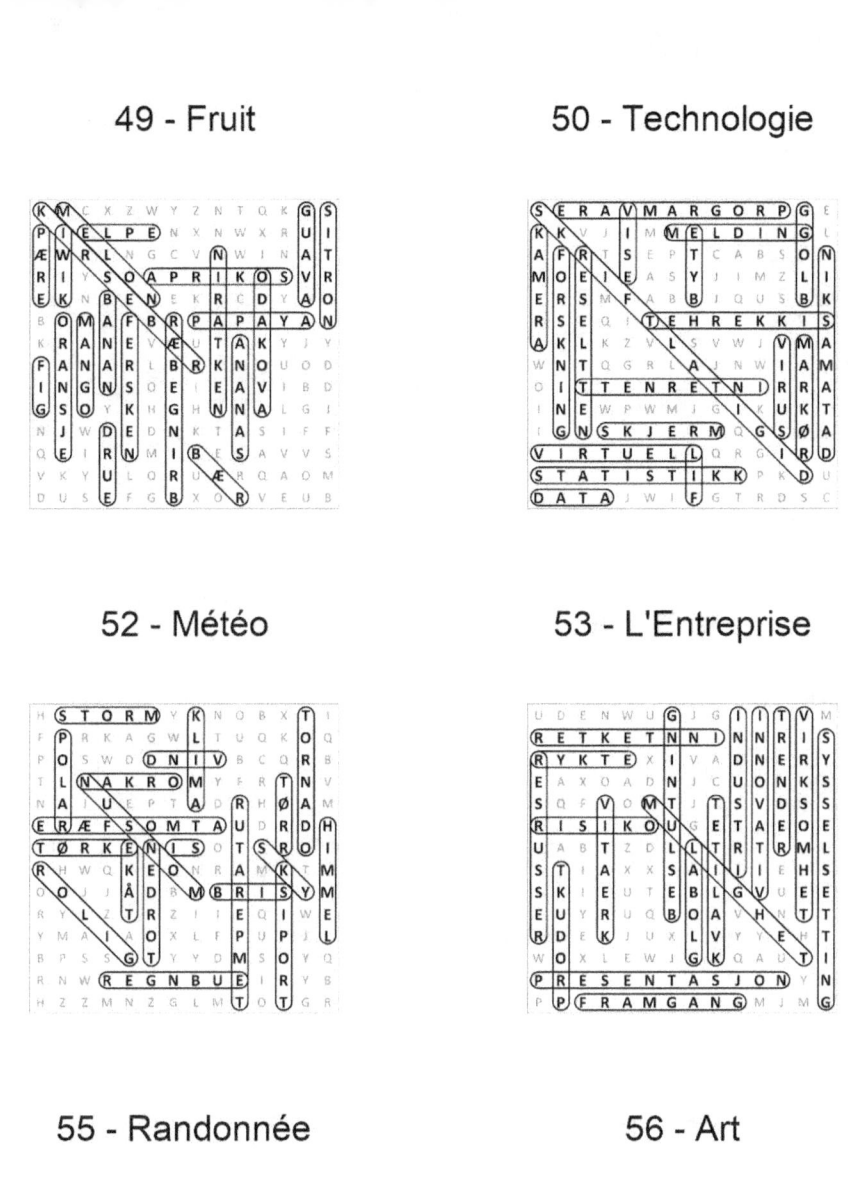

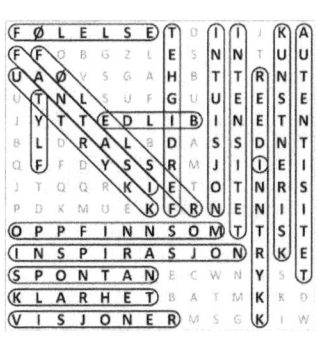
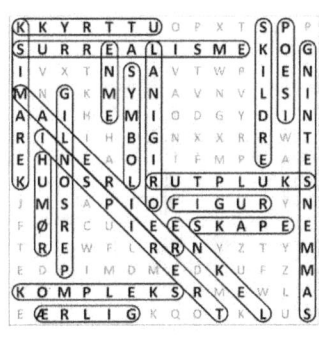
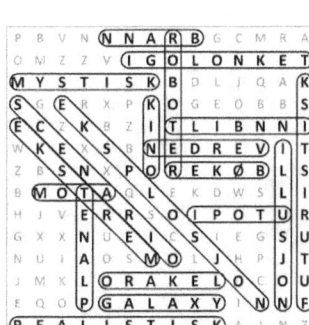

61 - Géologie

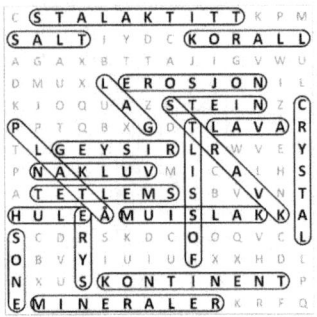

62 - Cirque

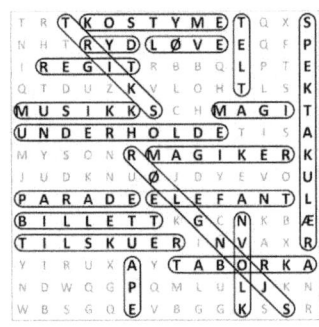

63 - Jardin

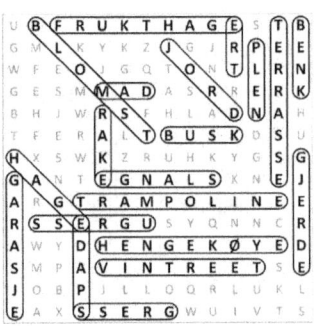

64 - Santé et Bien Être #1

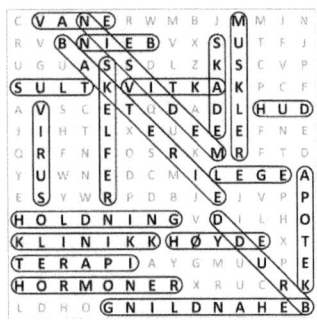

65 - Barbecues

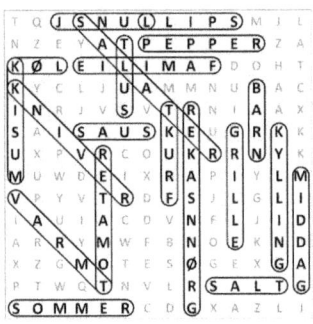

66 - Animaux de Compagnie

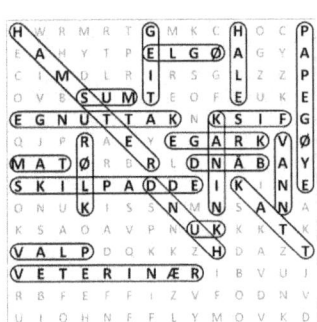

67 - Forêt Tropicale

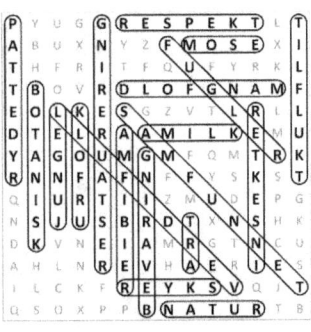

68 - Ferme #1

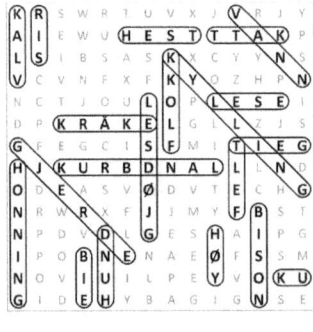

69 - Antarctique

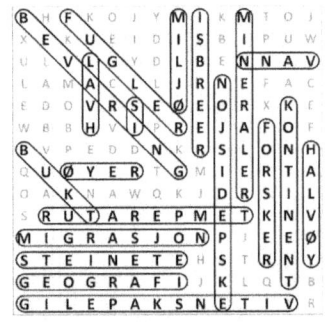

70 - Professions #2

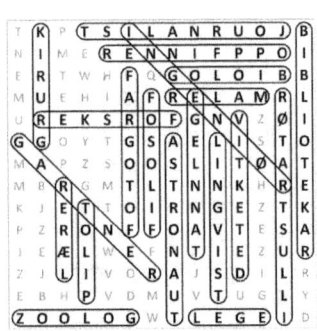

71 - Les Abeilles

72 - Santé et Bien Être #2

73 - Conduite

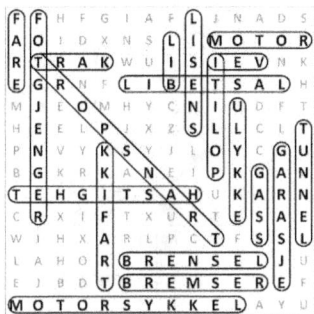

74 - Plantes

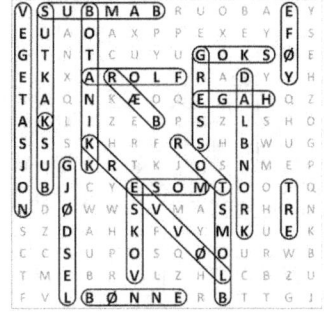

75 - Ferme #2

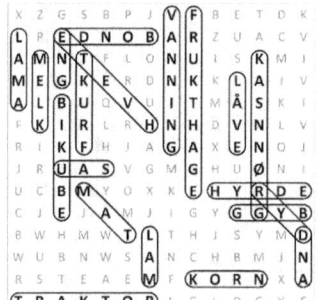

76 - Vacances #2

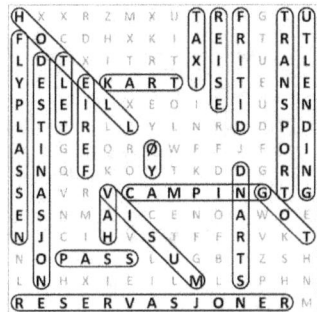

77 - Temps

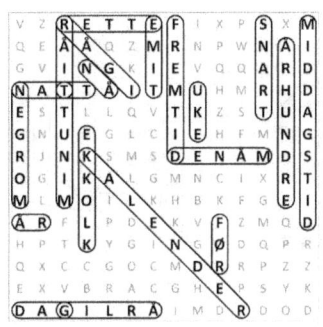

78 - Maison

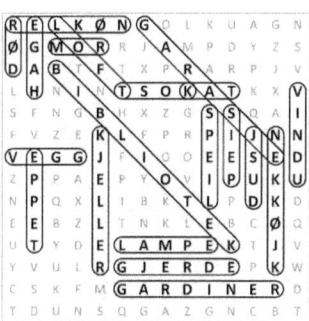

79 - Légumes

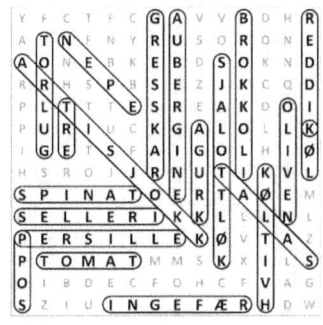

80 - Famille

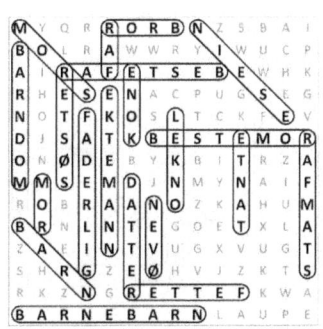

81 - Oiseaux

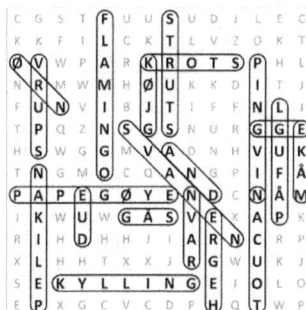

82 - Disciplines Scientifiques

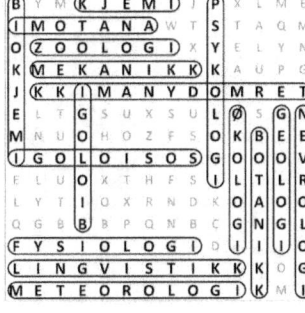

83 - Univers

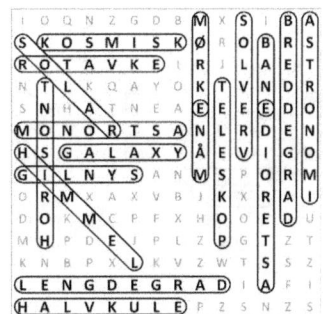

84 - Géographie

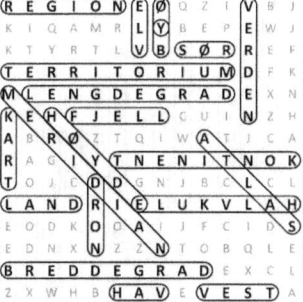

85 - Danse

86 - Bâtiments

87 - Activités et Loisirs

88 - Livres

89 - Pays #2

90 - Fournitures d'Art

91 - Eau

92 - Jazz

93 - Paysages

94 - Pays #1

95 - Nombres

96 - Psychologie

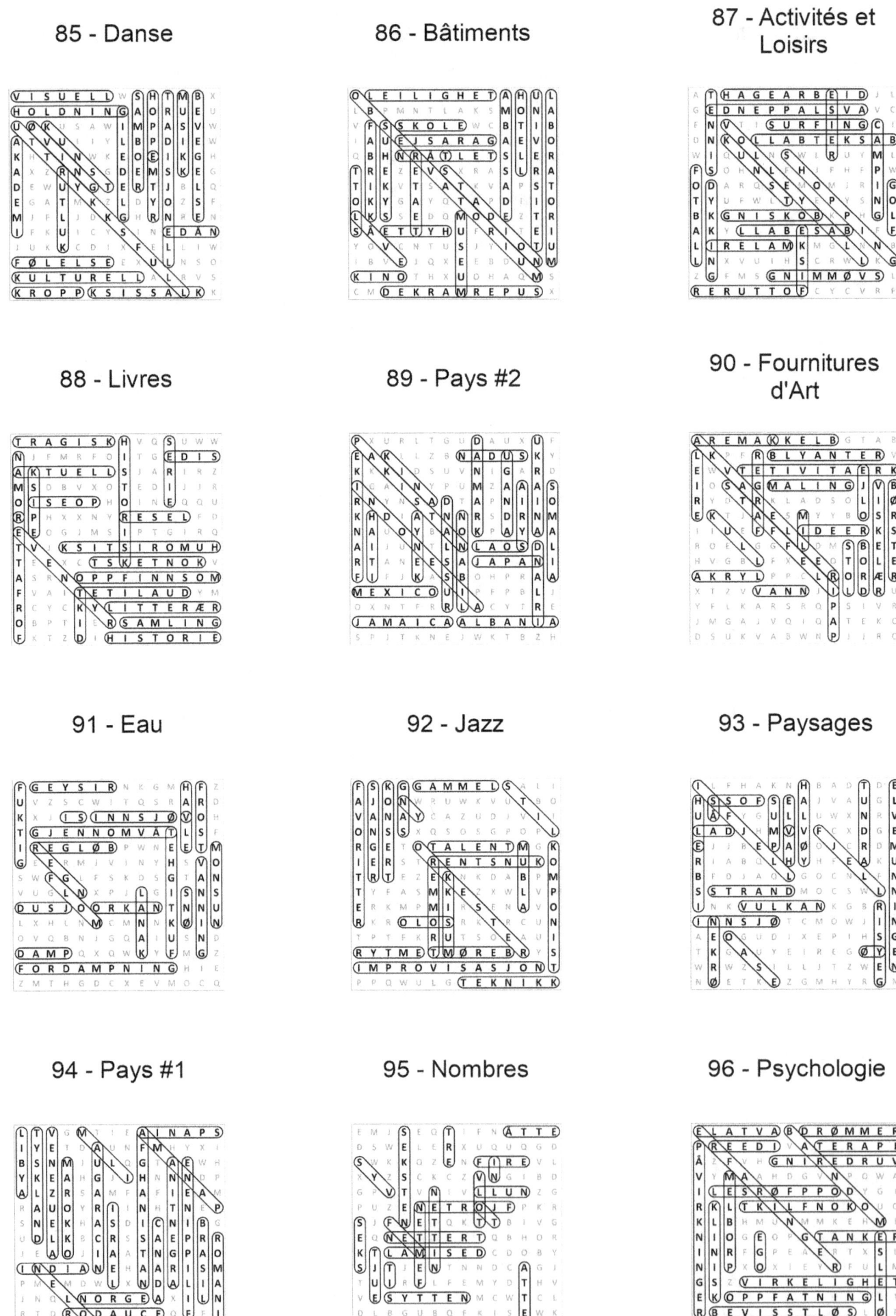

97 - Nature

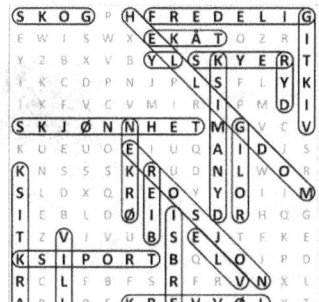

98 - Chimie

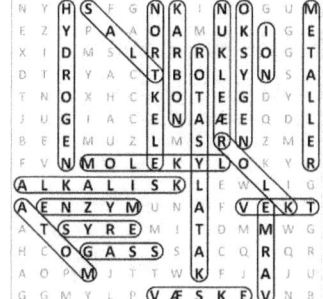

99 - Bateaux

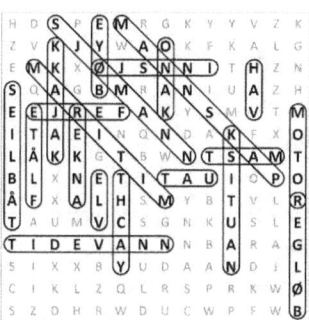

100 - Mesures

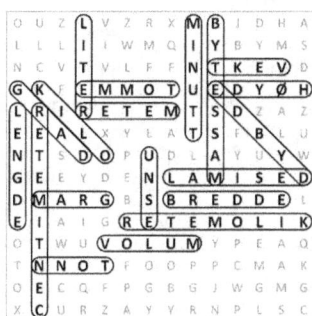

Dictionnaire

Activités
Aktiviteter

Activité	Aktivitet
Art	Kunst
Artisanat	Håndverk
Camping	Camping
Céramique	Keramikk
Chasse	Jakt
Compétence	Ferdighet
Couture	Sy
Intérêts	Interesser
Jardinage	Hagearbeid
Jeux	Spill
Lecture	Lesing
Loisir	Fritid
Magie	Magi
Peinture	Maleri
Pêche	Fiske
Photographie	Fotografering
Plaisir	Glede
Randonnée	Fotturer
Relaxation	Avslapning

Activités et Loisirs
Aktiviteter og Fritid

Achats	Shopping
Art	Kunst
Base-Ball	Baseball
Basket-Ball	Basketball
Boxe	Boksing
Camping	Camping
Football	Fotball
Golf	Golf
Jardinage	Hagearbeid
Nager	Svømming
Peinture	Maleri
Pêche	Fiske
Plongée	Dykking
Randonnée	Fotturer
Relaxant	Avslappende
Surf	Surfing
Tennis	Tennis
Volley-Ball	Volleyball
Voyage	Reise

Adjectifs #1
Adjektiver #1

Absolu	Absolutt
Actif	Aktiv
Ambitieux	Ambisiøs
Aromatique	Aromatisk
Artistique	Kunstnerisk
Attractif	Attraktiv
Beau	Vakker
Exotique	Eksotisk
Énorme	Enorm
Généreux	Sjenerøs
Honnête	Ærlig
Identique	Identisk
Important	Viktig
Innocent	Uskyldig
Jeune	Ung
Lent	Langsom
Lourd	Tung
Mince	Tynn
Moderne	Moderne
Parfait	Perfekt

Adjectifs #2
Adjektiver #2

Authentique	Autentisk
Célèbre	Berømt
Créatif	Kreativ
Descriptif	Beskrivende
Doué	Begavet
Dramatique	Dramatisk
Élégant	Elegant
Fier	Stolt
Fort	Sterk
Intéressant	Interessant
Naturel	Naturlig
Nouveau	Ny
Productif	Produktiv
Puissant	Kraftig
Pur	Ren
Responsable	Ansvarlig
Sain	Sunn
Salé	Salt
Sauvage	Vill
Sec	Tørr

Algèbre
Algebra

Diagramme	Diagram
Exposant	Eksponent
Équation	Ligning
Facteur	Faktor
Faux	Falsk
Formule	Formel
Fraction	Brøkdel
Infini	Uendelig
Linéaire	Lineær
Matrice	Matrise
Nombre	Nummer
Parenthèse	Parentes
Problème	Problem
Quantité	Mengde
Simplifier	Forenkle
Solution	Løsning
Somme	Sum
Soustraction	Subtraksjon
Variable	Variabel
Zéro	Null

Animaux de Compagnie
Kjæledyr

Chat	Katt
Chaton	Kattunge
Chèvre	Geit
Chien	Hund
Chiot	Valp
Collier	Krage
Eau	Vann
Griffes	Klør
Hamster	Hamster
Laisse	Bånd
Lapin	Kanin
Lézard	Øgle
Nourriture	Mat
Perroquet	Papegøye
Poisson	Fisk
Queue	Hale
Souris	Mus
Tortue	Skilpadde
Vache	Ku
Vétérinaire	Veterinær

Antarctique
Antarktis

Baie	Bukt
Baleines	Hval
Chercheur	Forsker
Conservation	Bevaring
Continent	Kontinent
Eau	Vann
Environnement	Miljø
Expédition	Ekspedisjon
Géographie	Geografi
Glace	Is
Glaciers	Isbreer
Îles	Øyer
Migration	Migrasjon
Minéraux	Mineraler
Oiseaux	Fugler
Péninsule	Halvøy
Rocheux	Steinete
Scientifique	Vitenskapelig
Température	Temperatur
Topographie	Topografi

Antiquités
Antikviteter

Art	Kunst
Authentique	Autentisk
Bijoux	Smykker
Décoratif	Dekorativ
Enchères	Auksjon
Élégant	Elegant
Galerie	Galleri
Inhabituel	Uvanlig
Investissement	Investering
Meubles	Møbler
Peintures	Malerier
Pièces	Mynter
Prix	Pris
Qualité	Kvalitet
Restauration	Restaurering
Sculpture	Skulptur
Siècle	Århundre
Style	Stil
Valeur	Verdi
Vieux	Gammel

Archéologie
Arkeologi

Analyse	Analyse
Antiquité	Antikken
Chercheur	Forsker
Civilisation	Sivilisasjon
Descendant	Etterkommer
Expert	Ekspert
Ère	Æra
Équipe	Team
Évaluation	Vurdering
Fossile	Fossilt
Inconnu	Ukjent
Mystère	Mysterium
Objets	Objekter
Os	Bein
Oublié	Glemt
Poterie	Keramikk
Professeur	Professor
Relique	Relikvie
Temple	Tempel
Tombe	Grav

Art
Kunst

Céramique	Keramisk
Complexe	Kompleks
Composition	Sammensetning
Créer	Skape
Dépeindre	Skildre
Expression	Uttrykk
Figure	Figur
Honnête	Ærlig
Humeur	Humør
Inspiré	Inspirert
Original	Original
Peintures	Malerier
Personnel	Personlig
Poésie	Poesi
Sculpture	Skulptur
Simple	Enkel
Sujet	Emne
Surréalisme	Surrealisme
Symbole	Symbol
Visuel	Visuell

Arts Visuels
Bildende Kunst

Architecture	Arkitektur
Argile	Leire
Artiste	Artist
Céramique	Keramikk
Charbon	Kull
Chef-D'Œuvre	Mesterverk
Chevalet	Staffeli
Cire	Voks
Composition	Sammensetning
Craie	Kritt
Crayon	Blyant
Créativité	Kreativitet
Film	Film
Peinture	Maleri
Perspective	Perspektiv
Pochoir	Sjablong
Portrait	Portrett
Sculpture	Skulptur
Stylo	Penn
Vernis	Lakk

Astronomie
Astronomi

Astéroïde	Asteroide
Astronaute	Astronaut
Astronome	Astronom
Ciel	Himmel
Constellation	Konstellasjon
Cosmos	Kosmos
Éclipse	Formørkelse
Équinoxe	Equinox
Fusée	Rakett
Galaxie	Galaxy
Lune	Måne
Météore	Meteor
Nébuleuse	Stjernetåke
Observatoire	Observatorium
Planète	Planet
Radiation	Stråling
Solaire	Solar
Supernova	Supernova
Terre	Jord
Univers	Univers

Aventure
Eventyr

Activité	Aktivitet
Beauté	Skjønnhet
Chance	Sjanse
Dangereux	Farlig
Destination	Destinasjon
Défis	Utfordringer
Difficulté	Vanskelighet
Enthousiasme	Entusiasme
Excursion	Utflukt
Inhabituel	Uvanlig
Itinéraire	Reiserute
Joie	Glede
Nature	Natur
Navigation	Navigasjon
Nouveau	Ny
Opportunité	Mulighet
Préparation	Forberedelse
Sécurité	Sikkerhet
Surprenant	Overraskende
Voyages	Reiser

Avions
Fly

Air	Luft
Atmosphère	Atmosfære
Atterrissage	Landing
Aventure	Eventyr
Ballon	Ballong
Carburant	Brensel
Ciel	Himmel
Construction	Konstruksjon
Descente	Avstamning
Direction	Retning
Équipage	Mannskap
Hauteur	Høyde
Hélices	Propeller
Histoire	Historie
Hydrogène	Hydrogen
Moteur	Motor
Naviguer	Navigere
Passager	Passasjer
Pilote	Pilot
Turbulence	Turbulens

Ballet
Ballett

Applaudissement	Applaus
Artistique	Kunstnerisk
Ballerine	Ballerina
Chorégraphie	Koreografi
Compétence	Ferdighet
Compositeur	Komponist
Danseurs	Dansere
Expressif	Uttrykksfull
Geste	Gest
Gracieux	Grasiøs
Intensité	Intensitet
Muscles	Muskler
Musique	Musikk
Orchestre	Orkester
Public	Publikum
Répétition	Øving
Rythme	Rytme
Solo	Solo
Style	Stil
Technique	Teknikk

Barbecues
Grilling

Chaud	Varmt
Couteaux	Kniver
Déjeuner	Lunsj
Dîner	Middag
Enfants	Barn
Été	Sommer
Faim	Sult
Famille	Familie
Fruit	Frukt
Gril	Grille
Jeux	Spill
Légumes	Grønnsaker
Musique	Musikk
Oignons	Løk
Poivre	Pepper
Poulet	Kylling
Salades	Salater
Sauce	Saus
Sel	Salt
Tomates	Tomater

Bateaux
Båter

Ancre	Anker
Bouée	Bøye
Canoë	Kano
Corde	Tau
Équipage	Mannskap
Ferry	Ferje
Fleuve	Elv
Kayak	Kajakk
Lac	Innsjø
Marée	Tidevann
Marin	Sjømann
Maritime	Maritim
Mât	Mast
Mer	Hav
Moteur	Motor
Nautique	Nautisk
Radeau	Flåte
Vagues	Bølger
Voilier	Seilbåt
Yacht	Yacht

Bâtiments
Bygningsmasse

Ambassade	Ambassade
Appartement	Leilighet
Cabine	Hytte
Château	Slott
Cinéma	Kino
École	Skole
Garage	Garasje
Grange	Låve
Hôpital	Sykehus
Hôtel	Hotell
Laboratoire	Laboratorium
Musée	Museum
Observatoire	Observatorium
Stade	Stadion
Supermarché	Supermarked
Tente	Telt
Théâtre	Teater
Tour	Tårn
Université	Universitet
Usine	Fabrikk

Beauté
Skjønnhet

Boucles	Krøller
Charme	Sjarm
Ciseaux	Saks
Cosmétique	Kosmetikk
Couleur	Farge
Élégance	Eleganse
Élégant	Elegant
Grâce	Nåde
Huiles	Oljer
Lisse	Glatt
Maquillage	Sminke
Mascara	Mascara
Miroir	Speil
Parfum	Duft
Peau	Hud
Photogénique	Fotogen
Rouge à Lèvres	Leppestift
Services	Tjenester
Shampooing	Sjampo
Styliste	Stylist

Camping
Camping

Animaux	Dyr
Arbres	Trær
Aventure	Eventyr
Boussole	Kompass
Cabine	Hytte
Canoë	Kano
Carte	Kart
Chapeau	Hatt
Chasse	Jakt
Corde	Tau
Équipement	Utstyr
Feu	Brann
Forêt	Skog
Hamac	Hengekøye
Insecte	Insekt
Lac	Innsjø
Lune	Måne
Montagne	Fjell
Nature	Natur
Tente	Telt

Chimie
Kjemi

Acide	Syre
Alcalin	Alkalisk
Atomique	Atom
Carbone	Karbon
Catalyseur	Katalysator
Chaleur	Varme
Chlore	Klor
Enzyme	Enzym
Électron	Elektron
Gaz	Gass
Hydrogène	Hydrogen
Ion	Ion
Liquide	Væske
Métaux	Metaller
Molécule	Molekyl
Nucléaire	Nukleær
Oxygène	Oksygen
Poids	Vekt
Sel	Salt
Température	Temperatur

Cirque
Sirkus

Acrobate	Akrobat
Animaux	Dyr
Astuce	Triks
Ballons	Ballonger
Billet	Billett
Clown	Klovn
Costume	Kostyme
Divertir	Underholde
Éléphant	Elefant
Jongleur	Sjonglør
Lion	Løve
Magicien	Magiker
Magie	Magi
Musique	Musikk
Parade	Parade
Singe	Ape
Spectaculaire	Spektakulær
Spectateur	Tilskuer
Tente	Telt
Tigre	Tiger

Conduite
Kjøring

Accident	Ulykke
Camion	Lastebil
Carburant	Brensel
Carte	Kart
Danger	Fare
Freins	Bremser
Garage	Garasje
Gaz	Gass
Licence	Lisens
Moteur	Motor
Moto	Motorsykkel
Piéton	Fotgjenger
Police	Politi
Route	Vei
Sécurité	Sikkerhet
Trafic	Trafikk
Transport	Transport
Tunnel	Tunnel
Vitesse	Hastighet
Voiture	Bil

Corps Humain
Menneskekroppen

Bouche	Munn
Cerveau	Hjerne
Cheville	Ankel
Cou	Hals
Coude	Albue
Cœur	Hjerte
Doigt	Finger
Estomac	Mage
Épaule	Skulder
Genou	Kne
Lèvres	Lepper
Main	Hånd
Mâchoire	Kjeve
Menton	Hake
Nez	Nese
Oreille	Øre
Peau	Hud
Sang	Blod
Tête	Hode
Visage	Ansikt

Créativité
Kreativitet

Artistique	Kunstnerisk
Authenticité	Autentisitet
Clarté	Klarhet
Compétence	Ferdighet
Dramatique	Dramatisk
Expression	Uttrykk
Émotions	Følelser
Fluidité	Flyt
Idées	Ideer
Image	Bilde
Imagination	Fantasi
Impression	Inntrykk
Inspiration	Inspirasjon
Intensité	Intensitet
Intuition	Intuisjon
Inventif	Oppfinnsom
Sensation	Følelse
Spontané	Spontan
Visions	Visjoner
Vitalité	Vitalitet

Cuisine
Kjøkken

Baguettes	Spisepinner
Bol	Bolle
Bouilloire	Kjele
Congélateur	Fryser
Couteaux	Kniver
Cruche	Mugge
Cuillères	Skjeer
Épices	Krydder
Éponge	Svamp
Four	Ovn
Fourchettes	Gafler
Gril	Grille
Louche	Øse
Nourriture	Mat
Pot	Krukke
Recette	Oppskrift
Réfrigérateur	Kjøleskap
Serviette	Serviett
Tablier	Forkle
Tasses	Kopper

Danse
Danse

Académie	Akademi
Art	Kunst
Chorégraphie	Koreografi
Classique	Klassisk
Corps	Kropp
Culture	Kultur
Culturel	Kulturell
Expressif	Uttrykksfull
Émotion	Følelse
Grâce	Nåde
Joyeux	Gledelig
Mouvement	Bevegelse
Musique	Musikk
Partenaire	Samboer
Posture	Holdning
Répétition	Øving
Rythme	Rytme
Saut	Hoppe
Traditionnel	Tradisjonell
Visuel	Visuell

Diplomatie
Diplomati

Ambassade	Ambassade
Ambassadeur	Ambassadør
Citoyens	Borgere
Communauté	Samfunnet
Conflit	Konflikt
Conseiller	Rådgiver
Coopération	Samarbeid
Diplomatique	Diplomatisk
Discussion	Diskusjon
Éthique	Etikk
Étranger	Fremmed
Gouvernement	Regjering
Humanitaire	Humanitær
Intégrité	Integritet
Justice	Rettferdighet
Politique	Politikk
Résolution	Vedtak
Sécurité	Sikkerhet
Solution	Løsning
Traité	Traktat

Disciplines Scientifiques
Vitenskapelige Disipliner

Anatomie	Anatomi
Archéologie	Arkeologi
Astronomie	Astronomi
Biochimie	Biokjemi
Biologie	Biologi
Botanique	Botanikk
Chimie	Kjemi
Écologie	Økologi
Géologie	Geologi
Immunologie	Immunologi
Linguistique	Lingvistikk
Mécanique	Mekanikk
Météorologie	Meteorologi
Minéralogie	Mineralogi
Neurologie	Nevrologi
Physiologie	Fysiologi
Psychologie	Psykologi
Sociologie	Sosiologi
Thermodynamique	Termodynamikk
Zoologie	Zoologi

Eau
Vann

Canal	Kanal
Douche	Dusj
Évaporation	Fordampning
Fleuve	Elv
Gel	Frost
Geyser	Geysir
Glace	Is
Humide	Fuktig
Humidité	Fuktighet
Inondation	Flom
Irrigation	Vanning
Lac	Innsjø
Mousson	Monsun
Neige	Snø
Océan	Hav
Ouragan	Orkan
Pluie	Regn
Trempé	Gjennomvåt
Vagues	Bølger
Vapeur	Damp

Entreprise
Forretninger

Argent	Penger
Boutique	Butikk
Budget	Budsjett
Bureau	Kontor
Carrière	Karriere
Coût	Koste
Devise	Valuta
Employeur	Arbeidsgiver
Employé	Ansatt
Entreprise	Selskap
Économie	Økonomi
Finance	Finans
Impôts	Skatter
Investissement	Investering
Marchandise	Handelsvarer
Profit	Profitt
Revenu	Inntekt
Transaction	Transaksjon
Usine	Fabrikk
Vente	Salg

Écologie
Økologi

Bénévoles	Frivillige
Climat	Klima
Communautés	Samfunn
Diversité	Mangfold
Durable	Bærekraftig
Espèce	Art
Faune	Fauna
Flore	Flora
Global	Global
Habitat	Habitat
Marais	Myr
Marin	Marine
Montagnes	Fjell
Nature	Natur
Naturel	Naturlig
Plantes	Planter
Ressources	Ressurser
Sécheresse	Tørke
Survie	Overlevelse
Végétation	Vegetasjon

Électricité
Elektrisitet

Aimant	Magnet
Ampoule	Pære
Batterie	Batteri
Câble	Kabel
Électricien	Elektriker
Électrique	Elektrisk
Équipement	Utstyr
Fils	Ledninger
Générateur	Generator
Lampe	Lampe
Laser	Laser
Négatif	Negativ
Objets	Objekter
Positif	Positiv
Prise	Stikkontakt
Quantité	Mengde
Réseau	Nettverk
Stockage	Lagring
Téléphone	Telefon
Télévision	Tv

Énergie
Energi

Batterie	Batteri
Carbone	Karbon
Carburant	Brensel
Chaleur	Varme
Diesel	Diesel
Entropie	Entropi
Environnement	Miljø
Essence	Bensin
Électrique	Elektrisk
Électron	Elektron
Hydrogène	Hydrogen
Industrie	Industri
Moteur	Motor
Nucléaire	Nukleær
Photon	Foton
Pollution	Forurensing
Renouvelable	Fornybar
Soleil	Sol
Turbine	Turbin
Vent	Vind

Épices
Krydder

Aigre	Sur
Ail	Hvitløk
Amer	Bitter
Anis	Anis
Cannelle	Kanel
Cardamome	Kardemomme
Coriandre	Koriander
Cumin	Spisskummen
Curry	Karri
Fenouil	Fennikel
Gingembre	Ingefær
Muscade	Muskat
Oignon	Løk
Paprika	Paprika
Poivre	Pepper
Réglisse	Lakris
Safran	Safran
Saveur	Smak
Sel	Salt
Vanille	Vanilje

Famille
Familien

Ancêtre	Stamfar
Cousin	Fetter
Enfance	Barndom
Enfant	Barn
Femme	Kone
Fille	Datter
Frère	Bror
Grand-Mère	Bestemor
Grand-Père	Bestefar
Mari	Ektemann
Maternel	Mors
Mère	Mor
Neveu	Nevø
Nièce	Niese
Oncle	Onkel
Paternel	Faderlig
Petit-Fils	Barnebarn
Père	Far
Soeur	Søster
Tante	Tante

Ferme #1
Gården #1

Abeille	Bie
Agriculture	Landbruk
Âne	Esel
Bison	Bison
Champ	Felt
Chat	Katt
Cheval	Hest
Chèvre	Geit
Chien	Hund
Clôture	Gjerde
Corbeau	Kråke
Eau	Vann
Engrais	Gjødsel
Foin	Høy
Miel	Honning
Poulet	Kylling
Riz	Ris
Troupeau	Flokk
Vache	Ku
Veau	Kalv

Ferme #2
Gården #2

Agneau	Lam
Agriculteur	Bonde
Animaux	Dyr
Berger	Hyrde
Blé	Hvete
Canard	And
Fruit	Frukt
Grange	Låve
Irrigation	Vanning
Lait	Melk
Lama	Lama
Légume	Grønnsak
Maïs	Korn
Mouton	Sau
Nourriture	Mat
Orge	Bygg
Pré	Eng
Ruche	Bikube
Tracteur	Traktor
Verger	Frukthage

Fleurs
Blomster

Bouquet	Bukett
Gardénia	Gardenia
Hibiscus	Hibiskus
Jasmin	Sjasmin
Jonquille	Påskelilje
Lavande	Lavendel
Lilas	Lilla
Lys	Lilje
Magnolia	Magnolia
Marguerite	Tusenfryd
Orchidée	Orkidé
Passiflore	Pasjonsblomst
Pavot	Valmue
Pétale	Kronblad
Pissenlit	Løvetann
Pivoine	Peon
Rose	Rose
Tournesol	Solsikke
Trèfle	Kløver
Tulipe	Tulipan

Force et Gravité
Kraft og Gravitasjon

Axe	Akser
Centre	Sentrum
Découverte	Oppdagelse
Distance	Avstand
Dynamique	Dynamisk
Expansion	Utvidelse
Friction	Friksjon
Impact	Innvirkning
Magnétisme	Magnetisme
Mécanique	Mekanikk
Mouvement	Bevegelse
Orbite	Bane
Physique	Fysikk
Planètes	Planeter
Poids	Vekt
Pression	Press
Propriétés	Egenskaper
Temps	Tid
Universel	Universell
Vitesse	Hastighet

Forêt Tropicale
Regnskogen

Amphibiens	Amfibier
Botanique	Botanisk
Climat	Klima
Communauté	Samfunnet
Diversité	Mangfold
Espèce	Art
Indigène	Urfolk
Insectes	Insekter
Jungle	Jungel
Mammifères	Pattedyr
Mousse	Mose
Nature	Natur
Nuage	Skyer
Oiseaux	Fugler
Précieux	Verdifull
Préservation	Bevaring
Refuge	Tilflukt
Respect	Respekt
Restauration	Restaurering
Survie	Overlevelse

Formes
Former

Arc	Bue
Bords	Kanter
Carré	Torget
Cercle	Sirkel
Coin	Hjørne
Courbe	Kurve
Cône	Kjegle
Côté	Side
Cube	Kube
Cylindre	Sylinder
Ellipse	Ellipse
Hyperbole	Hyperbola
Ligne	Linje
Ovale	Oval
Polygone	Polygon
Prisme	Prisme
Pyramide	Pyramide
Rectangle	Rektangel
Sphère	Sfære
Triangle	Trekant

Fournitures d'Art
Kunst Forsyninger

Acrylique	Akryl
Aquarelles	Akvareller
Argile	Leire
Brosses	Børster
Caméra	Kamera
Chaise	Stol
Charbon	Kull
Chevalet	Staffeli
Colle	Lim
Couleurs	Farger
Crayons	Blyanter
Créativité	Kreativitet
Eau	Vann
Encre	Blekk
Gomme	Viskelær
Huile	Olje
Idées	Ideer
Papier	Papir
Peinture	Maling
Table	Bord

Fruit
Frukt

Abricot	Aprikos
Ananas	Ananas
Avocat	Avokado
Baie	Bær
Banane	Banan
Cerise	Kirsebær
Citron	Sitron
Figue	Fig
Framboise	Bringebær
Goyave	Guava
Kiwi	Kiwi
Mangue	Mango
Melon	Melon
Nectarine	Nektarin
Orange	Oransje
Papaye	Papaya
Pêche	Fersken
Poire	Pære
Pomme	Eple
Raisin	Drue

Géographie
Geografi

Altitude	Høyde
Atlas	Atlas
Carte	Kart
Continent	Kontinent
Fleuve	Elv
Hémisphère	Halvkule
Île	Øy
Latitude	Breddegrad
Longitude	Lengdegrad
Mer	Hav
Méridien	Meridian
Monde	Verden
Montagne	Fjell
Nord	Nord
Ouest	Vest
Pays	Land
Région	Region
Sud	Sør
Territoire	Territorium
Ville	By

Géologie
Geologi

Acide	Syre
Calcium	Kalsium
Caverne	Hule
Continent	Kontinent
Corail	Korall
Couche	Lag
Cristaux	Crystal
Érosion	Erosjon
Fondu	Smeltet
Fossile	Fossilt
Geyser	Geysir
Lave	Lava
Minéraux	Mineraler
Pierre	Stein
Plateau	Platå
Quartz	Kvarts
Sel	Salt
Stalactite	Stalaktitt
Volcan	Vulkan
Zone	Sone

Géométrie
Geometri

Angle	Vinkel
Calcul	Beregning
Cercle	Sirkel
Courbe	Kurve
Diamètre	Diameter
Dimension	Dimensjon
Équation	Ligning
Hauteur	Høyde
Logique	Logikk
Masse	Masse
Médian	Median
Nombre	Nummer
Parallèle	Parallell
Proportion	Andel
Segment	Segmentet
Surface	Flate
Symétrie	Symmetri
Théorie	Teori
Triangle	Trekant
Vertical	Vertikal

Gouvernement
Myndighetene

Civil	Sivil
Constitution	Grunnlov
Démocratie	Demokrati
Discours	Tale
Discussion	Diskusjon
District	Distrikt
Droits	Rettigheter
Égalité	Likestilling
État	Stat
Indépendance	Uavhengighet
Judiciaire	Rettslig
Justice	Rettferdighet
Liberté	Frihet
Loi	Lov
Monument	Monument
Nation	Nasjon
National	Nasjonal
Paisible	Fredelig
Politique	Politikk
Symbole	Symbol

Herboristerie
Urtemedisin

Ail	Hvitløk
Aromatique	Aromatisk
Basilic	Basilikum
Bénéfique	Gunstig
Culinaire	Kulinarisk
Estragon	Estragon
Fenouil	Fennikel
Fleur	Blomst
Ingrédient	Ingrediens
Jardin	Hage
Lavande	Lavendel
Marjolaine	Marjoram
Menthe	Mynte
Persil	Persille
Qualité	Kvalitet
Romarin	Rosmarin
Safran	Safran
Saveur	Smak
Thym	Timian
Vert	Grønn

Ingénierie
Teknisk

Angle	Vinkel
Axe	Akser
Calcul	Beregning
Construction	Konstruksjon
Diagramme	Diagram
Diamètre	Diameter
Diesel	Diesel
Distribution	Distribusjon
Énergie	Energi
Force	Styrke
Leviers	Spaker
Liquide	Væske
Machine	Maskin
Mesure	Mål
Moteur	Motor
Profondeur	Dybde
Propulsion	Fremdrift
Rotation	Rotasjon
Stabilité	Stabilitet
Structure	Struktur

Instruments de Musique
Musikkinstrumenter

Banjo	Banjo
Basson	Fagott
Clarinette	Klarinett
Flûte	Fløyte
Gong	Gong
Guitare	Gitar
Harmonica	Munnspill
Harpe	Harpe
Hautbois	Obo
Mandoline	Mandolin
Marimba	Marimba
Percussion	Perkusjon
Piano	Piano
Saxophone	Saksofon
Tambour	Tromme
Tambourin	Tamburin
Trombone	Trombone
Trompette	Trompet
Violon	Fiolin
Violoncelle	Cello

Jardin
Hage

Arbre	Tre
Banc	Benk
Buisson	Busk
Clôture	Gjerde
Étang	Dam
Fleur	Blomst
Garage	Garasje
Hamac	Hengekøye
Herbe	Gress
Jardin	Hage
Mauvaises Herbes	Ugress
Pelle	Spade
Pelouse	Plen
Râteau	Rake
Sol	Jord
Terrasse	Terrasse
Trampoline	Trampoline
Tuyau	Slange
Verger	Frukthage
Vigne	Vintreet

Jardinage
Hagearbeid

Botanique	Botanisk
Bouquet	Bukett
Climat	Klima
Comestible	Spiselig
Compost	Kompost
Eau	Vann
Espèce	Art
Exotique	Eksotisk
Feuillage	Løvverk
Feuille	Blad
Fleur	Blomstre
Floral	Blomster
Graines	Frø
Humidité	Fuktighet
Récipient	Beholder
Saisonnier	Sesongmessig
Saleté	Skitt
Sol	Jord
Tuyau	Slange
Verger	Frukthage

Jazz
Jazz

Album	Album
Artiste	Kunstner
Célèbre	Berømt
Chanson	Sang
Compositeur	Komponist
Composition	Sammensetning
Concert	Konsert
Favoris	Favoritter
Genre	Sjanger
Improvisation	Improvisasjon
Musique	Musikk
Nouveau	Ny
Orchestre	Orkester
Rythme	Rytme
Solo	Solo
Style	Stil
Talent	Talent
Tambours	Trommer
Technique	Teknikk
Vieux	Gammel

Jours et Mois
Dager og Måneder

Août	August
Avril	April
Calendrier	Kalender
Dimanche	Søndag
Février	Februar
Janvier	Januar
Jeudi	Torsdag
Juillet	Juli
Juin	Juni
Lundi	Mandag
Mardi	Tirsdag
Mars	Mars
Mercredi	Onsdag
Mois	Måned
Novembre	November
Octobre	Oktober
Samedi	Lørdag
Semaine	Uke
Septembre	September
Vendredi	Fredag

L'Entreprise
Selskapet

Affaires	Virksomhet
Créatif	Kreativ
Décision	Beslutning
Emploi	Sysselsetting
Global	Global
Industrie	Industri
Innovant	Innovativ
Investissement	Investering
Possibilité	Mulighet
Présentation	Presentasjon
Produit	Produkt
Professionnel	Profesjonell
Progrès	Framgang
Qualité	Kvalitet
Ressources	Ressurser
Revenu	Inntekter
Réputation	Rykte
Risques	Risiko
Tendances	Trender
Unités	Enheter

Les Abeilles
Bier

Ailes	Vinger
Bénéfique	Gunstig
Cire	Voks
Diversité	Mangfold
Essaim	Sverm
Écosystème	Økosystem
Fleur	Blomstre
Fleurs	Blomster
Fruit	Frukt
Fumée	Røyk
Habitat	Habitat
Insecte	Insekt
Jardin	Hage
Miel	Honning
Nourriture	Mat
Plantes	Planter
Pollen	Pollen
Reine	Dronning
Ruche	Bikube
Soleil	Sol

Les Médias
Mediene

Attitudes	Holdninger
Commercial	Kommersiell
Communication	Kommunikasjon
En Ligne	Online
Édition	Utgave
Éducation	Utdanning
Faits	Fakta
Financement	Finansiering
Individuel	Individ
Industrie	Industri
Intellectuel	Intellektuell
Journaux	Aviser
Local	Lokal
Numérique	Digitalt
Opinion	Mening
Photos	Bilder
Public	Offentlig
Radio	Radio
Réseau	Nettverk
Télévision	Tv

Légumes
Grønnsaker

Ail	Hvitløk
Artichaut	Artisjokk
Aubergine	Aubergine
Brocoli	Brokkoli
Carotte	Gulrot
Céleri	Selleri
Champignon	Sopp
Citrouille	Gresskar
Concombre	Agurk
Échalote	Sjalottløk
Épinard	Spinat
Gingembre	Ingefær
Navet	Nepe
Oignon	Løk
Olive	Oliven
Persil	Persille
Pois	Ert
Radis	Reddik
Salade	Salat
Tomate	Tomat

Littérature
Litteratur

Analogie	Analogi
Analyse	Analyse
Anecdote	Anekdote
Auteur	Forfatter
Biographie	Biografi
Comparaison	Sammenligning
Conclusion	Konklusjon
Description	Beskrivelse
Dialogue	Dialog
Métaphore	Metafor
Narrateur	Forteller
Opinion	Mening
Poème	Dikt
Poétique	Poetisk
Rime	Rim
Roman	Roman
Rythme	Rytme
Style	Stil
Thème	Tema
Tragédie	Tragedie

Livres
Reserve

Auteur	Forfatter
Aventure	Eventyr
Collection	Samling
Contexte	Kontekst
Dualité	Dualitet
Épique	Episk
Histoire	Historie
Historique	Historisk
Humoristique	Humoristisk
Inventif	Oppfinnsom
Lecteur	Leser
Littéraire	Litterær
Narrateur	Forteller
Page	Side
Pertinent	Aktuell
Poème	Dikt
Poésie	Poesi
Roman	Roman
Série	Serie
Tragique	Tragisk

Maison
Hus

Balai	Kost
Bibliothèque	Bibliotek
Chambre	Rom
Cheminée	Peis
Clés	Nøkler
Clôture	Gjerde
Cuisine	Kjøkken
Douche	Dusj
Fenêtre	Vindu
Garage	Garasje
Grenier	Loft
Jardin	Hage
Lampe	Lampe
Miroir	Speil
Mur	Vegg
Porte	Dør
Rideaux	Gardiner
Sous-Sol	Kjeller
Tapis	Teppe
Toit	Tak

Mammifères
Pattedyr

Baleine	Hval
Chat	Katt
Cheval	Hest
Chien	Hund
Coyote	Prærieulv
Dauphin	Delfin
Éléphant	Elefant
Girafe	Sjiraff
Gorille	Gorilla
Kangourou	Kenguru
Lapin	Kanin
Lion	Løve
Loup	Ulv
Mouton	Sau
Ours	Bjørn
Renard	Rev
Singe	Ape
Taureau	Okse
Tigre	Tiger
Zèbre	Sebra

Mathématiques
Matematikk

Angles	Vinkler
Arithmétique	Aritmetikk
Carré	Torget
Circonférence	Omkrets
Décimal	Desimal
Diamètre	Diameter
Division	Divisjon
Exposant	Eksponent
Équation	Ligning
Fraction	Brøkdel
Géométrie	Geometri
Parallèle	Parallell
Polygone	Polygon
Rayon	Radius
Rectangle	Rektangel
Somme	Sum
Sphère	Sfære
Symétrie	Symmetri
Triangle	Trekant
Volume	Volum

Mesures
Målinger

Centimètre	Centimeter
Degré	Grad
Décimal	Desimal
Gramme	Gram
Hauteur	Høyde
Kilogramme	Kilo
Kilomètre	Kilometer
Largeur	Bredde
Litre	Liter
Longueur	Lengde
Masse	Masse
Mètre	Meter
Minute	Minutt
Octet	Byte
Once	Unse
Poids	Vekt
Pouce	Tomme
Profondeur	Dybde
Tonne	Tonn
Volume	Volum

Méditation
Meditasjon

Acceptation	Aksept
Attention	Oppmerksomhet
Calme	Rolig
Clarté	Klarhet
Compassion	Medfølelse
Émotions	Følelser
Éveillé	Våken
Gentillesse	Vennlighet
Gratitude	Takknemlighet
Habitudes	Vaner
Mental	Mental
Mouvement	Bevegelse
Musique	Musikk
Nature	Natur
Observation	Observasjon
Paix	Fred
Perspective	Perspektiv
Posture	Holdning
Respiration	Puste
Silence	Stillhet

Météo
Været

Arc-En-Ciel	Regnbue
Atmosphère	Atmosfære
Brise	Bris
Brouillard	Tåke
Calme	Rolig
Ciel	Himmel
Climat	Klima
Glace	Is
Mousson	Monsun
Nuage	Sky
Ouragan	Orkan
Polaire	Polar
Sec	Tørr
Sécheresse	Tørke
Température	Temperatur
Tempête	Storm
Tonnerre	Torden
Tornade	Tornado
Tropical	Tropisk
Vent	Vind

Mode
Mote

Abordable	Rimelig
Boutique	Boutique
Boutons	Knapper
Broderie	Broderi
Cher	Dyrt
Dentelle	Blonder
Élégant	Elegant
Minimaliste	Minimalistisk
Moderne	Moderne
Modeste	Beskjeden
Modèle	Mønster
Original	Original
Pratique	Praktisk
Simple	Enkel
Sophistiqué	Sofistikert
Style	Stil
Tendance	Trend
Texture	Tekstur
Tissu	Stoff
Vêtements	Klær

Musique
Musikk

Album	Album
Ballade	Ballade
Chanter	Synge
Chanteur	Sanger
Classique	Klassisk
Enregistrement	Innspilling
Harmonie	Harmoni
Harmonique	Harmonisk
Instrument	Instrument
Lyrique	Lyrisk
Mélodie	Melodi
Microphone	Mikrofon
Musical	Musikalsk
Musicien	Musiker
Opéra	Opera
Poétique	Poetisk
Rythme	Rytme
Rythmique	Rytmisk
Tempo	Tempo
Vocal	Vokal

Mythologie
Mytologi

Archétype	Arketype
Catastrophe	Katastrofe
Comportement	Oppførsel
Création	Skapelse
Créature	Skapning
Croyances	Tro
Culture	Kultur
Éclair	Lyn
Force	Styrke
Guerrier	Kriger
Héros	Helt
Immortalité	Udødelighet
Jalousie	Sjalusi
Labyrinthe	Labyrint
Légende	Legende
Magique	Magisk
Monstre	Monster
Mortel	Dødelig
Tonnerre	Torden
Vengeance	Hevn

Nature
Naturen

Abeilles	Bier
Abri	Ly
Animaux	Dyr
Arctique	Arktisk
Beauté	Skjønnhet
Brouillard	Tåke
Désert	Ørken
Dynamique	Dynamisk
Érosion	Erosjon
Feuillage	Løvverk
Fleuve	Elv
Forêt	Skog
Glacier	Isbre
Nuage	Skyer
Paisible	Fredelig
Sanctuaire	Helligdom
Sauvage	Vill
Serein	Rolig
Tropical	Tropisk
Vital	Viktig

Nombres
Antall

Cinq	Fem
Deux	To
Décimal	Desimal
Dix	Ti
Dix-Huit	Atten
Dix-Neuf	Nitten
Dix-Sept	Sytten
Douze	Tolv
Huit	Åtte
Neuf	Ni
Quatorze	Fjorten
Quatre	Fire
Quinze	Femten
Seize	Seksten
Sept	Syv
Six	Seks
Treize	Tretten
Trois	Tre
Vingt	Tjue
Zéro	Null

Nourriture #1
Mat #1

Ail	Hvitløk
Basilic	Basilikum
Café	Kaffe
Cannelle	Kanel
Carotte	Gulrot
Citron	Sitron
Épinard	Spinat
Fraise	Jordbær
Jus	Juice
Lait	Melk
Navet	Nepe
Oignon	Løk
Orge	Bygg
Poire	Pære
Salade	Salat
Sel	Salt
Soupe	Suppe
Sucre	Sukker
Thon	Tunfisk
Viande	Kjøtt

Nourriture #2
Mat #2

Amande	Mandel
Aubergine	Aubergine
Banane	Banan
Blé	Hvete
Brocoli	Brokkoli
Cerise	Kirsebær
Céleri	Selleri
Champignon	Sopp
Chocolat	Sjokolade
Jambon	Skinke
Kiwi	Kiwi
Mangue	Mango
Oeuf	Egg
Pain	Brød
Poisson	Fisk
Pomme	Eple
Poulet	Kylling
Raisin	Drue
Riz	Ris
Tomate	Tomat

Nutrition
Ernæring

Amer	Bitter
Appétit	Appetitt
Calories	Kalorier
Comestible	Spiselig
Diète	Diett
Digestion	Fordøyelse
Épices	Krydder
Équilibré	Balansert
Fermentation	Gjæring
Glucides	Karbohydrater
Liquides	Væsker
Poids	Vekt
Protéines	Proteiner
Qualité	Kvalitet
Sain	Sunn
Santé	Helse
Sauce	Saus
Saveur	Smak
Toxine	Gift
Vitamine	Vitamin

Océan
Havet

Algue	Tang
Anguille	Ål
Baleine	Hval
Bateau	Båt
Corail	Korall
Crabe	Krabbe
Crevette	Reke
Dauphin	Delfin
Éponge	Svamp
Huître	Østers
Méduse	Manet
Poisson	Fisk
Poulpe	Blekksprut
Requin	Hai
Récif	Rev
Sel	Salt
Tempête	Storm
Thon	Tunfisk
Tortue	Skilpadde
Vagues	Bølger

Oiseaux
Fugler

Aigle	Ørn
Autruche	Struts
Canard	And
Cigogne	Stork
Colombe	Due
Corbeau	Ravn
Coucou	Gjøk
Cygne	Svanen
Flamant	Flamingo
Héron	Hegre
Manchot	Pingvin
Moineau	Spurv
Mouette	Måke
Oeuf	Egg
Oie	Gås
Paon	Påfugl
Perroquet	Papegøye
Pélican	Pelikan
Poulet	Kylling
Toucan	Toucan

Pays #1
Land #1

Afghanistan	Afghanistan
Allemagne	Tyskland
Argentine	Argentina
Brésil	Brasil
Canada	Canada
Espagne	Spania
Équateur	Ecuador
Finlande	Finland
Inde	India
Israël	Israel
Libye	Libya
Mali	Mali
Maroc	Marokko
Nicaragua	Nicaragua
Norvège	Norge
Panama	Panama
Philippines	Filippinene
Pologne	Polen
Roumanie	Romania
Venezuela	Venezuela

Pays #2
Land #2

Albanie	Albania
Chine	Kina
Danemark	Danmark
France	Frankrike
Haïti	Haiti
Indonésie	Indonesia
Irlande	Irland
Jamaïque	Jamaica
Japon	Japan
Kenya	Kenya
Laos	Laos
Liban	Libanon
Mexique	Mexico
Ouganda	Uganda
Pakistan	Pakistan
Russie	Russland
Somalie	Somalia
Soudan	Sudan
Syrie	Syria
Ukraine	Ukraina

Paysages
Landskap

Cascade	Foss
Colline	Ås
Désert	Ørken
Estuaire	Elvemunningen
Fleuve	Elv
Geyser	Geysir
Glacier	Isbre
Grotte	Hule
Iceberg	Isfjell
Île	Øy
Lac	Innsjø
Marais	Sump
Mer	Hav
Montagne	Fjell
Oasis	Oase
Péninsule	Halvøy
Plage	Strand
Toundra	Tundra
Vallée	Dal
Volcan	Vulkan

Philanthropie
Filantropi

Besoin	Trenge
Buts	Mål
Charité	Veldedighet
Communauté	Samfunnet
Contacts	Kontakter
Défis	Utfordringer
Enfants	Barn
Finance	Finans
Fonds	Midler
Gens	Folk
Générosité	Gavmildhet
Global	Global
Groupes	Grupper
Histoire	Historie
Honnêteté	Ærlighet
Humanité	Menneskehet
Jeunesse	Ungdom
Mission	Misjon
Programmes	Programmer
Public	Offentlig

Physique
Fysikk

Accélération	Akselerasjon
Atome	Atom
Chaos	Kaos
Chimique	Kjemisk
Densité	Tetthet
Expansion	Utvidelse
Électron	Elektron
Formule	Formel
Fréquence	Frekvens
Gaz	Gass
Gravité	Tyngdekraft
Magnétisme	Magnetisme
Masse	Masse
Mécanique	Mekanikk
Molécule	Molekyl
Moteur	Motor
Nucléaire	Nukleær
Particule	Partikkel
Universel	Universell
Vitesse	Hastighet

Plantes
Planter

Arbre	Tre
Baie	Bær
Bambou	Bambus
Botanique	Botanikk
Buisson	Busk
Cactus	Kaktus
Engrais	Gjødsel
Feuillage	Løvverk
Fleur	Blomst
Flore	Flora
Forêt	Skog
Grandir	Vokse
Haricot	Bønne
Herbe	Gress
Jardin	Hage
Lierre	Eføy
Mousse	Mose
Pétale	Kronblad
Racine	Rot
Végétation	Vegetasjon

Professions #1
Yrker # 1

Ambassadeur	Ambassadør
Astronome	Astronom
Avocat	Advokat
Banquier	Bankier
Bijoutier	Gullsmed
Cartographe	Kartograf
Chasseur	Jeger
Danseur	Danser
Entraîneur	Trener
Éditeur	Redaktør
Géologue	Geolog
Infirmière	Sykepleier
Médecin	Lege
Musicien	Musiker
Pianiste	Pianist
Plombier	Rørlegger
Pompier	Brannmann
Psychologue	Psykolog
Scientifique	Forsker
Vétérinaire	Veterinær

Professions #2
Yrker # 2

Astronaute	Astronaut
Bibliothécaire	Bibliotekar
Biologiste	Biolog
Chercheur	Forsker
Chirurgien	Kirurg
Dentiste	Tannlege
Détective	Detektiv
Enseignant	Lærer
Illustrateur	Illustratør
Ingénieur	Ingeniør
Inventeur	Oppfinner
Jardinier	Gartner
Journaliste	Journalist
Linguiste	Lingvist
Médecin	Lege
Peintre	Maler
Philosophe	Filosof
Photographe	Fotograf
Pilote	Pilot
Zoologiste	Zoolog

Psychologie
Psykologi

Clinique	Klinisk
Comportement	Oppførsel
Conflit	Konflikt
Ego	Ego
Enfance	Barndom
Expériences	Erfaringer
Émotions	Følelser
Évaluation	Vurdering
Idées	Ideer
Inconscient	Bevisstløs
Influences	Påvirkninger
Pensées	Tanker
Perception	Oppfatning
Personnalité	Personlighet
Problème	Problem
Rendez-Vous	Avtale
Réalité	Virkelighet
Rêves	Drømmer
Sensation	Følelse
Thérapie	Terapi

Randonnée
Vandring

Animaux	Dyr
Bottes	Støvler
Camping	Camping
Carte	Kart
Climat	Klima
Dangers	Farer
Eau	Vann
Falaise	Klippe
Fatigué	Trøtt
Lourd	Tung
Météo	Vær
Montagne	Fjell
Nature	Natur
Orientation	Orientering
Parcs	Parker
Pierres	Steiner
Préparation	Forberedelse
Sauvage	Vill
Soleil	Sol
Sommet	Toppmøte

Restaurant #2
Restaurant # 2

Boisson	Drikk
Chaise	Stol
Cuillère	Skje
Déjeuner	Lunsj
Délicieux	Deilig
Dîner	Middag
Eau	Vann
Épices	Krydder
Fourchette	Gaffel
Fruit	Frukt
Gâteau	Kake
Glace	Is
Légumes	Grønnsaker
Nouilles	Nudler
Oeuf	Egg
Poisson	Fisk
Salade	Salat
Sel	Salt
Serveur	Kelner
Soupe	Suppe

Santé et Bien-Être #1
Helse og Velvære #1

Actif	Aktiv
Bactéries	Bakterie
Blessure	Skade
Clinique	Klinikk
Faim	Sult
Fracture	Brudd
Habitude	Vane
Hauteur	Høyde
Hormone	Hormoner
Médecin	Lege
Médicament	Medisin
Muscles	Muskler
Os	Bein
Peau	Hud
Pharmacie	Apotek
Posture	Holdning
Réflexe	Refleks
Thérapie	Terapi
Traitement	Behandling
Virus	Virus

Santé et Bien-Être #2
Helse og Velvære #2

Allergie	Allergi
Anatomie	Anatomi
Appétit	Appetitt
Calorie	Kalori
Corps	Kropp
Déshydratation	Dehydrering
Diète	Diett
Énergie	Energi
Génétique	Genetikk
Hôpital	Sykehus
Hygiène	Hygiene
Infection	Infeksjon
Maladie	Sykdom
Massage	Massasje
Nutrition	Ernæring
Poids	Vekt
Sain	Sunn
Sang	Blod
Stress	Stress
Vitamine	Vitamin

Science
Vitenskap

Atome	Atom
Chimique	Kjemisk
Climat	Klima
Données	Data
Expérience	Eksperiment
Évolution	Evolusjon
Fait	Faktum
Fossile	Fossilt
Gravité	Tyngdekraft
Hypothèse	Hypotese
Laboratoire	Laboratorium
Méthode	Metode
Minéraux	Mineraler
Molécules	Molekyler
Nature	Natur
Observation	Observasjon
Organisme	Organisme
Particules	Partikler
Physique	Fysikk
Scientifique	Forsker

Science-Fiction
Science Fiction

Atomique	Atom
Cinéma	Kino
Explosion	Eksplosjon
Extrême	Ekstrem
Fantastique	Fantastisk
Feu	Brann
Futuriste	Futuristisk
Galaxie	Galaxy
Illusion	Illusjon
Imaginaire	Innbilt
Livres	Bøker
Monde	Verden
Mystérieux	Mystisk
Oracle	Orakel
Planète	Planet
Réaliste	Realistisk
Robots	Roboter
Scénario	Scenario
Technologie	Teknologi
Utopie	Utopi

Technologie
Teknologi

Affichage	Vise
Blog	Blogg
Caméra	Kamera
Curseur	Markør
Données	Data
Écran	Skjerm
Fichier	Fil
Internet	Internett
Logiciel	Programvare
Message	Melding
Navigateur	Nettleser
Numérique	Digitalt
Octets	Byte
Ordinateur	Datamaskin
Police	Skrift
Recherche	Forskning
Sécurité	Sikkerhet
Statistiques	Statistikk
Virtuel	Virtuell
Virus	Virus

Temps
Tid

Année	År
Annuel	Årlig
Après	Etter
Avant	Før
Bientôt	Snart
Calendrier	Kalender
Décennie	Tiår
Futur	Fremtid
Heure	Time
Hier	I Går
Horloge	Klokke
Jour	Dag
Maintenant	Nå
Matin	Morgen
Midi	Middagstid
Minute	Minutt
Mois	Måned
Nuit	Natt
Semaine	Uke
Siècle	Århundre

Types de Cheveux
Hårtyper

Argent	Sølv
Blanc	Hvit
Blond	Blond
Boucles	Krøller
Brillant	Skinnende
Chauve	Skallet
Coloré	Farget
Court	Kort
Doux	Myk
Épais	Tykk
Frisé	Krøllet
Gris	Grå
Long	Lang
Marron	Brun
Mince	Tynn
Noir	Svart
Ondulé	Bølgete
Sain	Sunn
Sec	Tørr
Tressé	Flettet

Univers
Universet

Astéroïde	Asteroide
Astronome	Astronom
Astronomie	Astronomi
Atmosphère	Atmosfære
Ciel	Himmel
Cosmique	Kosmisk
Équateur	Ekvator
Galaxie	Galaxy
Hémisphère	Halvkule
Horizon	Horisont
Latitude	Breddegrad
Longitude	Lengdegrad
Lune	Måne
Obscurité	Mørke
Orbite	Bane
Solaire	Solar
Solstice	Solverv
Télescope	Teleskop
Visible	Synlig
Zodiaque	Dyrekretsen

Vacances #2
Ferie # 2

Aéroport	Flyplassen
Camping	Camping
Carte	Kart
Destination	Destinasjon
Étranger	Utlending
Hôtel	Hotell
Île	Øy
Loisir	Fritid
Mer	Hav
Passeport	Pass
Plage	Strand
Restaurant	Restaurant
Réservations	Reservasjoner
Taxi	Taxi
Tente	Telt
Train	Tog
Transport	Transport
Vacances	Ferie
Visa	Visum
Voyage	Reise

Véhicules
Kjøretøy

Ambulance	Ambulanse
Avion	Fly
Bateau	Båt
Bus	Buss
Camion	Lastebil
Caravane	Campingvogn
Ferry	Ferje
Fusée	Rakett
Hélicoptère	Helikopter
Métro	T
Moteur	Motor
Pneus	Dekk
Radeau	Flåte
Scooter	Scooter
Sous-Marin	Undervannsbåt
Taxi	Taxi
Tracteur	Traktor
Train	Tog
Vélo	Sykkel
Voiture	Bil

Vêtements
Klær

Bracelet	Armbånd
Ceinture	Belte
Chapeau	Hatt
Chaussure	Sko
Chemise	Skjorte
Chemisier	Bluse
Collier	Halskjede
Foulard	Skjerf
Gants	Hansker
Jeans	Jeans
Jupe	Skjørt
Manteau	Frakk
Mode	Mote
Pantalon	Bukse
Pull	Genser
Pyjama	Pyjamas
Robe	Kjole
Sandales	Sandaler
Tablier	Forkle
Veste	Jakke

Ville
Byen

Aéroport	Flyplassen
Banque	Bank
Bibliothèque	Bibliotek
Boulangerie	Bakeri
Cinéma	Kino
Clinique	Klinikk
École	Skole
Galerie	Galleri
Hôtel	Hotell
Librairie	Bokhandel
Marché	Marked
Musée	Museum
Pharmacie	Apotek
Restaurant	Restaurant
Salon	Salong
Stade	Stadion
Supermarché	Supermarked
Théâtre	Teater
Université	Universitet
Zoo	Dyrehage

Félicitations

Vous avez réussi !

Nous espérons que vous avez apprécié ce livre autant que nous avons pris plaisir à le concevoir. Nous faisons de notre mieux pour créer des livres de la meilleure qualité possible.
Cette édition est conçue pour permettre un apprentissage intelligent et de qualité en se divertissant !

Vous avez aimé ce livre ?

Une Simple Demande

Nos livres existent grâce aux avis que vous publiez. Pourriez-vous nous aider en laissant un avis maintenant ?

Voici un lien rapide qui vous mènera à votre page d'évaluation de vos commandes :

BestBooksActivity.com/Avis50

CHALLENGE FINAL !

Défi n°1

Êtes-vous prêt pour votre jeu bonus ? Nous les utilisons tout le temps mais ils ne sont pas si faciles à trouver. Voici les **Synonymes** !

Notez 5 mots que vous avez trouvés dans les puzzles notés ci-dessous (n°21, n°36, n°76) et essayez de trouver 2 synonymes pour chaque mot.

Notez 5 Mots du **Puzzle 21**

Mots	Synonyme 1	Synonyme 2

Notez 5 Mots du **Puzzle 36**

Mots	Synonyme 1	Synonyme 2

Notez 5 Mots du **Puzzle 76**

Mots	Synonyme 1	Synonyme 2

Défi n°2

Maintenant que vous vous êtes échauffé, notez 5 mots que vous avez découverts dans les Puzzles n° 9, n° 17, n° 25 et essayez de trouver 2 antonymes pour chaque mot. Combien pouvez-vous en trouver en 20 minutes ?

Notez 5 Mots du **Puzzle 9**

Mots	Antonyme 1	Antonyme 2

Notez 5 Mots du **Puzzle 17**

Mots	Antonyme 1	Antonyme 2

Notez 5 Mots du **Puzzle 25**

Mots	Antonyme 1	Antonyme 2

Défi n°3

Formidable ! Ce défi final  n'est rien pour vous.

Prêt pour le dernier défi ? Choisissez 10 mots que vous avez découverts parmi les différents puzzles et notez-les ci-dessous.

1.	6.
2.	7.
3.	8.
4.	9.
5.	10.

Maintenant, composez un texte en pensant à une personne, un animal ou un lieu que vous aimez !

Astuce: Vous pouvez utiliser la dernière page de ce livre comme brouillon !

Votre Composition :

CARNET DE NOTES :

À TRÈS BIENTÔT !

Toute l'équipe

DECOUVREZ DES JEUX GRATUITS

GO

↓

BESTACTIVITYBOOKS.COM/FREEGAMES